私たちの心づもり

七一年目の原子爆弾被爆者の心

有田健一

溪水社

目次

私たちの心づもり

――七一年目の原子爆弾被爆者の心――

はじめに

私は今年六十七歳になった。広島で育ち、青春時代を送った被爆二世だ。母の勧めで医学の道に進み、社会に奉仕する心づもりで呼吸器領域の専門医となり、これまでに数多くの看取りも経験した。その私が、このたびの母の死（二〇一六年夏）をきっかけに、これまでとは違う扉を開《あ》けてみることにしたのだ。これまでも身近な家族が亡くなるたびに、母の場合と同様に「あれでよかったのだろうか」と、言葉では言い表しにくい違和感を覚えてきたからだった。

二〇〇四年秋、国立病院の内科医長を務めていた五十二歳の弟が急性大動脈解離で倒れた時、痛みと苦しみの中で助けを求める電話口の彼を、大声で励まし、叫びながら救急車の手配をしたのは私だった。もう二度とあんな電話は受けたくないと思うのだが、私はあの時、医師であることを忘れて、ただの患者家族だった。独身だった弟の手術を見届けた私は、悪い情報には耳を塞ぎ、彼の命はまだまだ続いてくれるものと勝手に期待し、それを信じようとしてもいた。幸い安定した病態を得た弟は、さらに五年を生き永らえることができたのだが、自分の先行きを見通した彼は、両親や私の下を頻回に訪れながら、もしもの時に向けての準備も密かに重ねていた。一方、私は出来るだけ彼の行く末は考えない対応に終始した。だから当然のことに、どのような最期を迎えたいかについては聞かなかったし、彼も話すことはなかった。二人はともに終着点の到来を覚悟してはいたが、あえて口に出すことはなかったのだ。たった一人の弟が逝った夜、悔やみを述べる周囲の人に「これで楽になったのだから」と、落ち込む両親に代わって答えた私だったが、心は満たされないままだった。かつての彼との思い出の日々から、徐々に色彩を奪いながら通り過ぎたすきま風は、触れることができない私独りの心象風景だった。

それから三年して、被爆者で教員だった父が逝った。九十四歳だった。十歳違いの母との、二人暮らしの果てに迎えた老々介護の限界に、「本意ではないが、離れて過ごさなければ二人がともに倒れてしまう」と急遽《きゅうきょ》父を説き伏せて、母の心身にわたる負担に終止符を打つつもりで、介護施設に預けた先で迎えた死だった。面会のたびに、父は施設を出て自宅に帰ることを望み、私の説得にも満足することはなかった。その後、難聴が進み視力も落ちた父は、あれほど好きだった読書に時間を費やすこともなく、楽しみのない毎日を人の手を借りながら独りで寝て過ごした。動きの乏しくなった姿を目にした私は、それでも、「この施設を出て家に帰ろう」という父の待ち望んだ言葉をかけることはできなかった。私はいつも家族の立場に立っていたのに。桜が満開になり一時外泊でもと思っていた矢先に突然襲った臨終の場で、父は私の名前を呼んだはずだった。それほど私を信頼し、かわいがってくれた父だった。私も父に似ていると言われることがうれしくて誇りでもあったのだが、結局、施設での生活は父の我慢《がまん》と諦《あきら》めの中で最期の言葉を交わすことなく、一年ほどで終わったのだった。

父の介護施設での生活を前に、「九十歳までは施設に入らないわよ」と、音楽好きでパッチワークキルトを趣味とした母は在宅生活を宣言した。寝たきりの親戚の者に胃瘻《いろう》[*1]が作られたことを聞きつけた時には、「私は、胃瘻《いろう》はしないから」とも告げた母だった。しかし運命は皮肉なものだ。父の死から一年半が過ぎたクリスマスイブの日に、母は自宅で倒れた。一命は取り留めたものの、失語症と右半身不随による寝たきり生活が彼女を待っていた。胃瘻《いろう》を拒否する母の思いは私の頭をよぎったものの、あの時点ではリハビリに期待することしか将来への展望が開けない状況だったこともあって、主治医や転院先に選んだリハビリ病院の意向を受け入れる形で、私は母の胃瘻《いろう》造設に家族として同意したのだった。しかしその後の三カ月間のリハビリは、結果的に彼女の生活動作を改善することにはつながらなかった。病院を出るように促された時、私は母の在宅希望に答えようと、自宅での療養生活を選択した。父の思いも一緒に連れて帰る、そんなつもりだった。こうしてその後二年八カ月、デイサービスに通い、床ずれを作ることもなく、自宅で静かな死を迎えた八十九歳の母だったのだが、ほとんど笑顔が消えた最後の数カ月だった。一緒に頑張ってくれた介護の人たちも、訪問看護の人たちも、そして訪問診療にあたってくれた主治医までもが、自宅での生活を送るという母の望みを最後まで叶え続けたことを評価して、「よかったではないか」と慰めてくれたのだが、母の本心は誰にもわからない。

私はこうして両親を失い、弟を亡くした。残された家族として彼らの旅立ちを、「仕方がない」こと気を張って受け入れようとした当時の私に、涙はなかった。ただ、妻の方を振り返り、「あれでよかったのだろうか」と、割り切れない自分の気持ちをどこまでも言葉にしようと試みる私がいるだけだった。

両親の望みでもあった社会に尽くすという理念の実現を医師として目指した私は、一九七〇年代後半から呼吸生理に関する研究に携わった。そして、広島赤十字・原爆病院に就職した一九八六年からは、それまでの研究の成果を生かすべく、千人を超える在宅酸素療法《ざいたくさんそりょうほう》*2の患者を診て、彼らの苦悩に寄り添ってきた。在宅医療の重要性が叫ばれ始める十年以上も前からのことだ。しかし彼らの主な病態としての慢性呼吸不全《まんせいこきゅうふぜん》*3や肺高血圧症は、各種の呼吸器疾患の終末像でもあったから、在宅医療を行いながら急変を経験することも多く、中途半端な緩和医療《かんわいりょう》*4に終わることも時に見られた。当然のことながら、病状の悪化とともに思うような治療効果は上がらなくなり、最終的には救急車に乗って私の病院にやってくるのが彼らのパターンだった。苦しい息の下で私に期待する彼らに、私ができることは限られていた。

病状の改善を感じることができない彼らは、寡黙になった。その状況を受け入れようとしていた証だ。そして彼らは旅立ったのだが、その過程で彼らの心に寄り添うことができたかどうか、私にとって彼らの最期を見届けるのはつらい作業だった。長い付き合いを思い返しながら、病気に対して適切な医療を行うことができただろうか、彼らの苦痛は取れていただろうか、看取りの場では彼らは家族と心を通じることができただろうか、遺族は満足しただろうかなど、私は目を閉じた彼らに語り掛け、そして最後に決まって「あれでよかったのだろうか」と自分にも問い掛けたものだった。しかし考えてみれば、それはあくまで医師としての反省であり、〝最期はどのように亡くなったか〟という病気を観察し、今後に生かす医学的な立場からの思いが主体の呟きだった。もちろん臨床医として、それはそれで、私に求められていた役割でもあったのだが……。

それに対して、両親や弟を見送って私の胸中に湧いてきた「あれでよかったのだろうか」という思いは異なっていた。何が違っていたのか。それを考える中で浮かんできたのは、〝最後まで彼らは生を全うしただろうか〟という家族としての、大袈裟に言えば医師としての職業に縛られることのない、一人の人間としての疑問であり、思いだったということだ。私は状況によっては医師でもあり家族でもあったのだから、それらの立場を与えられた環境下で使い分けて来ただけのことだと割り切ろうとしても、この違いには道義的に放置できない魂の呼び掛けがあるように思えて仕方が無かった。そのことに気付いたからこそ、私は違う扉を開《あ》けてみることにしたのだった。

しかし扉はすぐには開《あ》かなかった。その代わりに私を揺さぶったのは、亡くなった両親や弟に思いを馳せ、「彼らが生を全うしただろうか」、「あれでよかったのだろうか」と私が迷う、その理由を考えよという啓示だった。その答えを探そうと両親や弟の姿を思い出すたびに、旅立った彼らはかつての生き生きと活動する姿を浮かび上がらせてくれた。両親にしても弟にしても、元気だった頃には自由な意思を持って、彼ら自身が判断を下した日常があったという事実だった。そのことを思い出すからこそ、「あれでよかったのだろうか」と迷うことになった、それが与えられた啓示への私の回答だった。彼らが終末期を迎えた時、元気だった頃と同じように、最後まで自分で判断を下したかしら、自分で判断を下せない状況があったとしたらその時はどうしただろうという、彼らへの思いが顔をのぞかせたということなのだ。医学的に突き詰めるならば、最終的に彼らの希望や思いに添った医療が行われただろうかということにもなる。そしてそれに答えようとする私は、両親や弟が彼らの人生をどのように考え、もしもの時の医療を含めてどのような希望や思いを持っていたかを、具体的には何も知らなかったという事実に気づかされたのだった。具体的な意向を聴いたことがなかったからだ。改めてそのことを突きつけられて、私は言葉に窮した。親兄弟の気持ちは分かっていると自分で決めていた。阿吽《あうん》の呼吸と言うではないか、とそれで納得していた。そんな意向を聴くことで家族間の思わぬ感情の乱れに身をさらす状況を避けようとしたようでもある。では家族だからこそ、踏み込む勇気が私には無かったのか。いや、通り過ぎた多くの在宅酸素療法患者に対しても、彼らの生き方や具体的な希望や思いを、直接聴いたことはほとんどなかったではないか。

振り返って父の最後の一年間、結果はともかく、父と向き合えばそれだけで喜んでくれたはずだと、今では後悔にも似たほろ苦さを感じる私だが、感情の赴くままに自分の主張を述べるようになっていた当時の父との対話に限界を感じていたこともあって、結局、自宅に連れ帰るという選択はできないのだというその一点が譲れないばかりに、傍観者然として時間を過ごしたのだった。終《つい》の住処《すみか》をはじめ、人生の最終段階における意向を事前に聞いてさえいれば、たとえ父の思いは達せられなかったにしても、お互いの気持ちはもっと触れ合うことができた気がする。冷静に考えてみれば、私たちは袋小路に迷い込んだ一概な老人とその息子だった。

では、わずかな情報とは言え、自分の行く末に関して話をして倒れた母の場合はどうだったか。慣れた自宅で人生の最後を過ごし、妻の買ってきたきれいな色の服やマフラーを身に着けて、手を握りながら曾孫《ひまご》の話を聞くことができて。しかし母はいやがっていた胃瘻《いろう》で命をつなぎ、会話のない晩年だった。それが彼女らしく生活することにつながっていたかどうか。

つまるところ親兄弟の心づもりを確かめることに無頓着で、ある意味で勇気がなかった私は、余計なことに首を突っ込まない対応のままで歩いてきたのだ。結果として親兄弟の心づもりに関する情報が乏しいことは仕方がないとして、笑顔が消えた母の最後の数カ月はどう解釈すべきだろう。考えていた私は、彼女の気力が失せたことと並行して笑顔が失われたことに気が付いた。気力の喪失が笑顔を奪ったのだという短絡的な考えによって、母にとって自宅での生活は耐え難い生活だったのだという可能性だけは避けることができる有力な理由を見つけた気がした私は、やっと居心地のいい空間を見つけた時のように、思わずフッと息を漏らした。

その時、扉の奥から「単なる気力の減退と考えるべきではない。それが老いというものなのだ。人生観の上に加わるこうした要因の影響を理解した上で、人生を全うするということの本質を見極めていかなければならない」という声が聞こえた。家族でも、病に苦しむ患者でも、最後まで自分らしく生きてくれたかどうかを見届ける意義を語りながら、一方でそれに影響する老いを始めとする要因についても考え、独り一人異なる人生の最終段階を、単一色で塗り固めないように注意を喚起する声だ。そして最後まで自分らしく生きる生き方が、〝人が人として大切にされる社会〟の基本であり、寛容な社会では当然目指すべき生き方であると言っているように、私には聞こえたのだった。

私はその声に背中を押され、老年者が自分らしく生きるとはどういうことなのか、そのためには何を成すべきかについて、医師の立場からは少し距離を置いて、人のつながりの中で考えてみることにした。老年者に焦点を絞る試みとしたのは、高齢社会の真っただ中という事情もあったが、私自身がまさにその当事者だったからだ。扉が全て開いた時に笑顔で報告ができるように、老いが進む生き方を理解した上で、老年者の医療を含む人生上の希望や思いを把握し、それが彼らの自分らしく最後まで生きることに結びつく可能性とその意義について、思いを巡らすつもりだった。それは私の人生にとっても、欠くことができない布石になる気がしていた。

＊1　胃瘻（いろう）：身体機能の低下などによって口から食事をすることが困難になった人が、腹壁から胃に至るこのルートを通して直接栄養を摂取するための医療措置。

＊2　在宅酸素療法：高度な呼吸障害によって低酸素血症を生じた患者に対して、在宅で行う酸素療法のこと。空気中の酸素を濃縮する装置や、酸素を詰めたボンベ、液体酸素などが利用される。

＊3　慢性呼吸不全：慢性呼吸器疾患の終末期のために呼吸機能が悪化して、空気中の酸素を体内に取り込む能力が低下したり、体内に蓄積した二酸化炭素を排出できなくなった状態。

＊4　緩和医療：治ることを目的とした治療が有効でなくなった患者とその家族に対して、苦しみを予防したり、和らげたりすることで、生活の質（Quality of Life　ＱＯＬ）の改善を図る医療。

第一章　自分らしく生きるということ

（1）自分らしく主体的に生きるために

〝人はどう老いるべきか〟ということの命題に対して、これまでの邦画に描かれたテーマを参考に、「人の生と老い、そして死をつなぐものは、何をしたかという成果や業績ではなく、ただ、自分を生き切るという行為なのである」と述べたのは、社会学者の天野正子だ。[1]人それぞれで異なる老いについて、自分自身に正直に生きる姿勢を評価したのだ。同じ命題は六十八歳を目指す私自身にも投げ掛けられ、現在進行形でその答えが求められている。

日頃から何をするにも周囲に気遣いばかりするように見える私に対して、「これからは〝自分へのご褒美〟を見つけて欲しいと思う。もう少し楽をするズルさを。お互い、それが許される歳なのだ」と、心を許した同窓の友が忠告してくれたのは、私が定年を迎えた時だった。自分の生き方に自信がないばかりに、人の思いを合わせて考えることで周りの気分を害することなく円滑にことを進めたいという、私の受身的な行為が友人の指摘の背後にあると気付くまでに、大した時間はかからなかった。そしてその忠告は私に、今がこれからの自分の人生を見通す時期なのだと思わせるものでもあった。と

表1　最後まで「自分らしく」生きるとしたら、あなたは何が大切だと思いますか？（複数回答可）

認知症にならないこと	90%
最後まで、思うように動き回ることができること	70%
施設の職員や関係者とうまくやっていくこと	66%
どんなときにも、安心して困ることなく生活できること	62%
ちゃんとした病院と連携があって、いつでも入院できること	58%
最後まで、精神的に安定していること	54%
最後まで一人の人間としての尊厳が守られること	52%
判断を求められた時に、最後までちゃんと判断できること	48%
将来受ける医療の内容に、自分の希望が反映されていること	46%
自分が希望する場所で療養し、最期を迎えることができること	34%
これまで生きてきた生き方を最後まで続けることができること	30%
今まで通り被爆体験を若い人に語り伝えることができること	28%
これまでの人間関係・人のつながりが最後まで続くこと	22%
十分な経済力や資金があること	20%
いつも宗教に支えられていること	14%
その他	2%

言うのも、私自身、老いを感じる当事者の一人として、周囲に惑わされることなく自分の生き方を考えることが許される年齢になってきたし、あの扉の奥の声に導かれたように、最後まで自分らしく生きることで人が人として大切にされる社会につながる可能性があるのであれば、たとえ老いが進んだとしても、その生き方は私の願いにも合致するものでもあったからだ。そこで私は、天野が〝自分を生き切るという行為〟と表現した自分自身に正直に生きる要点を、親兄弟の死が感覚的に教えてくれた〝自分らしく生きるという行為〟と言い換えて、老いを迎える私の生き方を考えてみることにしたのだった。そしてその手始めに私が手掛かりとしたのは、老年者自身が必要だと考える〝自分らしく生きる〟ための環境や要件だった。

表1は施設に入居している七十歳以上の被爆者五〇人を対象に、私が行った〝最後まで「自分らしく」生きるとしたら、あなたは何が大切だと思

いますか〟と問う、アンケート調査の結果である。彼らが大切と考える項目を回答頻度の上位から並べると、認知症にならないこと（回答率90％）、最後まで思うように動き回れること（同70％）、施設の職員や関係者とうまくやっていくこと（同66％）、どんなときにも、安心して困ることなく生活できること（同62％）、ちゃんとした病院と連携があって、いつでも入院できること（同58％）、最後まで精神的に安定していること（同54％）、最後まで一人の人間としての尊厳が守られること（同52％）、最後までちゃんと判断ができること（同48％）などとなった。これを私なりにまとめると、①身体的な痛み、精神的な痛み、社会的な痛み、スピリチュアルペインなど全人的な痛みのない状態で、②医療連携の確立した安心して生活できる環境があり、③人に迷惑をかけず、④自分の価値観にしたがって自ら判断し、⑤周りの変化から新たな価値を探しながら、⑥最後まで尊厳を保って生きること、となる。[*1]

この自分らしく生きるための六要件のうち、①全人的な痛みのない状態で、②医療連携の確立した安心して生活できる環境があり、③人に迷惑をかけず、という三要件は、地域包括ケアシステムの構築の中で、連携を強めることなどによってある程度達成できることが予想された。では残った中から、これからの人生を最後まで自分らしく生きるために重視すべき大切な個人的要件には、何が選ばれるべきなのか。私はそれを〝自分の価値観にしたがって自ら判断する〟ことだと考えた。それができれば、〝新たな価値を探しながら、最後まで尊厳を保って生きる〟ことができると思ったからだ。人の尊厳は、その人に真実を伝えることと、それに基づく自己決定をすることで守られると言うではないか。[(2)]

自分の価値観にしたがって自ら判断することで自分らしく老いることができれば、老い自体を人生の円熟期ととらえることができるようになるだろうし、老いの行きつく先が充実した人生の総決算期としてはっきり見えるようにもなるはずだ。そして同時に、両親や弟の死で経験した「あれでよかったのだろうか」という私の迷いが、終末期でも彼らはいつものように自分で判断を下しただろうかと考えたことから派生した迷いだったことを思い出すことで、〝自分の価値観にしたがって自ら判断する〟というその要件さえ実践できれば、その私の迷いにも答えることになると思ったのだった。

では私たちの日常生活の中で、最後まで自分らしく生きることが実際に可能だろうか。またその人らしく最後まで生きることができるように、人を支援することが可能だろうか。

そう考えた時、開きかけた扉のわずかな隙間から、「最後まで自分らしく生きることにこだわるのであれば、あの原子爆弾被爆者の生き様に接するべきではあるまいか。被爆者は、原子爆弾という絶対悪で自分らしく生きることを全面的に否定された人たちであり、一九四五年八月六日から、最終的には自分らしく生きることを目指して、これだけは大事にしたいという自分の価値観にしたがって優先順位を付けながら、戦後の人生をしなやかに生きてきた人たちなのだから」(3)と呼びかける声が聞こえた。

あの日、自分の思いとは無関係に地獄の火に焼かれながらも生かされた被爆者は、限られた生活環境の中で、がむしゃらに自分の生き方を探しつつ今に至ったはずだ。その過程はまさに、最後まで自分らしく生きることを優先し、それを目指した人生だったに違いないが、その過程はどれほどのものだったのか、そして現在《いま》、帰っていくべき永遠の故郷が見えそうなこの時点まで歩いて来て、彼らは自分の将来をどのように思い描いているのだろうか。

＊1　全人的な痛み：私たちが経験する身体的な痛み、精神的な痛み、社会的な痛み、スピリチュアルペイン（霊的な痛み）の互いに影響しあう四つの痛み全体を言う。なおスピリチュアルペインとは、「もう先がないのだから何もしないでほしい」という将来の喪失、「何で私が！」というような運命の不合理、「自分では何もできない」などの他者への依存、「寂しい、孤独だ」という他者との関係喪失、「私の人生は何だったのか」「生きている意味はあるのか」など人生の意味の問い、死生観に対する悩みなどの痛みである。

（2）伝えるべきことを伝える

話は一旦、私の幼少時に遡《さかのぼ》る。終戦後五〜六年が過ぎて、両親に連れられた私たち兄弟は仁保町での借家住まいの後、段原日ノ出町（ともに現在の広島市南区）に移り住んだ。そこは比治山の陰となって原爆による建物の倒壊から免れた、古いたたずまいの人情ある町だった。一〇〇メートルも東に歩けば猿猴川《えんこうがわ》の堤防に出たし、川に降りるときれいな砂の中からたくさんのシジミを見つけることができた。川面から顔を上げると、原爆で壊れた石の大正橋が、まだ川の中にW字型に横たわっていた時代で、今は廃止された宇品線の鉄橋に沿って、木造の歩道橋が対岸をつないでいた。その橋を渡って少し川上の方向に歩いた大州（現在の広島市南区）には母方の祖父の妹が住んでいて、私と弟は小柄で優しい彼女を、母の呼び方にならって「林の叔母さん」と呼んで懐《なつ》いていた。丁度「林の叔母さん」

の次女が結婚して、林姓から吉田姓に変わった頃のことで、結婚相手が鉄道マンだったことから、「林の叔母さん」は新婚夫婦と一緒に大州の鉄道官舎に住むようになったという経緯を、後に周りの大人の会話から聞いたことがある。その新婚の次女が吉田章枝《ふみえ》だった。

母にとっては二歳違いの従妹になる吉田章枝《ふみえ》は、その後、二人の娘を育て上げ、「林の叔母さん」と夫を看取ったのだが、まだ若かった母が「章枝《ふみえ》ちゃんは原爆で大変な経験をして苦労した人だから、何かあったら助けてあげてよ」と、独り立ちした私たち兄弟に繰り返し語ったのは法事の席でのことだったと思う。〝章枝《ふみえ》ちゃんの大変な経験〟には、どちらを向いても触れることに躊躇《ちゅうちょ》するほどの出来事が隠れていそうで、彼女の傷口に塩を塗り込みそうな予感もあって、私はその場でも詳細を問うことなく過ごしてきた。それがいわゆる大人としての対応だと思っていたからだ。

私がその吉田章枝《ふみえ》から小包を受け取ったのは、三年ほど前の二〇一三年、まだ母が倒れる前のことだ。「広島で開かれた第二〇回核戦争防止国際医師会議世界大会で、被爆二世医師によるシンポジウム(4)の司会をした」と私が彼女に話をしたのがきっかけだった。「被爆六〇周年（二〇〇五年）を契機に、私は自分の被爆体験を話すことにしました(5)。貴方の言っていた被爆関連の仕事のことを思い出して、ここに自分で書いた原稿を入れて送るから、一度読んで貴方の役に立つものなら使ってください」という手紙とともに、彼女の被爆体験がまるで昨日のことのように現実感をもって届いたのだ。唐突に原稿用紙に現れた、私が会ったことのない一九四五年の林家の人々の姿は、はかなくそして言葉を失うものだった。自分らしく生きることを拒否された文明の終焉《しゅうえん》を、あの地獄の炎光とともに改めて

図１　林家の人々
前列左から　父　頼次郎、三女　幸枝、母　秋子
後列左から　長女　涼枝、次女　章枝

私の前にさらけ出していた。

　私は古いアルバムを開き、林家のみんなが写るセピア色の最後の写真（図1）を探し出した。戦火の迫るのを感じながらも家族の写真だけは残しておこうと、一九四五年五月に廣島市内の写真館で撮影したものだ。それからわずか三カ月、原爆のために一瞬にして父（林　頼次郎：享年五十歳）、姉（林　涼枝：享年十九歳）、妹（林　幸枝：享年七歳）を亡くした吉田章枝《ふみえ》は、あの日を境に彼女の母（「林の叔母さん」：林　秋子）との長いどん底の二人暮らしを強いられることになったのだった。それは原爆によって、家族とともに自分らしく生きることを拒絶された、彼女の原点だった。

　何の前触れもなく文明社会を無に帰した原爆は、人々から人間性を奪った悪霊だった。ヒロシマの三角州では戦後の時間の経過とともに多くの被爆者が亡くなり、高齢化も進んだ。その結果、原爆の傷跡やそれにまつわる人生模様は徐々に消えていった。道端に立ち止まる人からはそれを嘆く言葉が聞かれたが、速足で立ち去る人からは喫緊《きっきん》の課題を解決するためにというもっともらしい理由とともに、「過去のことに縛られていては発展がない」と切り捨てる不作為が見られ、死者に対して尊大な発言さえ聞かれたのだった。しかしそれにあらがうように、伝えるべき要点を確実に伝える活動を、自分の事として周りに迎合することなく、粘り強く続けてきたのは、彼女のような年老いた被爆者自身だった。引き込まれるように読むことになった彼女の被爆体験は、彼女からの、今の社会に向けての心からの告白だった。白い夾竹桃《きょうちくとう》が一瞬で灰神楽となったあの日から、すでに六八年が経っていた。

(3) 吉田章枝《ふみえ》の被爆証言

一九四五年八月六日、朝八時一五分、世界で初めてこの廣島に原子爆弾が落とされました。当時、私は十六歳、女学校四年生でした。戦争の長期化で、大人の男性は兵士となって戦争に行きましたので、人手が足りなくなり、終戦の一年前に国による学徒動員令が出されました。中学生以上の生徒は全員、強制的に、軍需工場や建物疎開などの勤労奉仕に行くことになったのです。それを学徒動員と言いますが、私も三年生の二学期から中国電力(当時の中国配電)大州工場へ動員されておりました。そこではお国のためにと、みんな一生懸命働いていたのです。

その当時、私は母が古い着物を直して縫ってくれたモンペをはいて、上着はグレーのブラウスでし

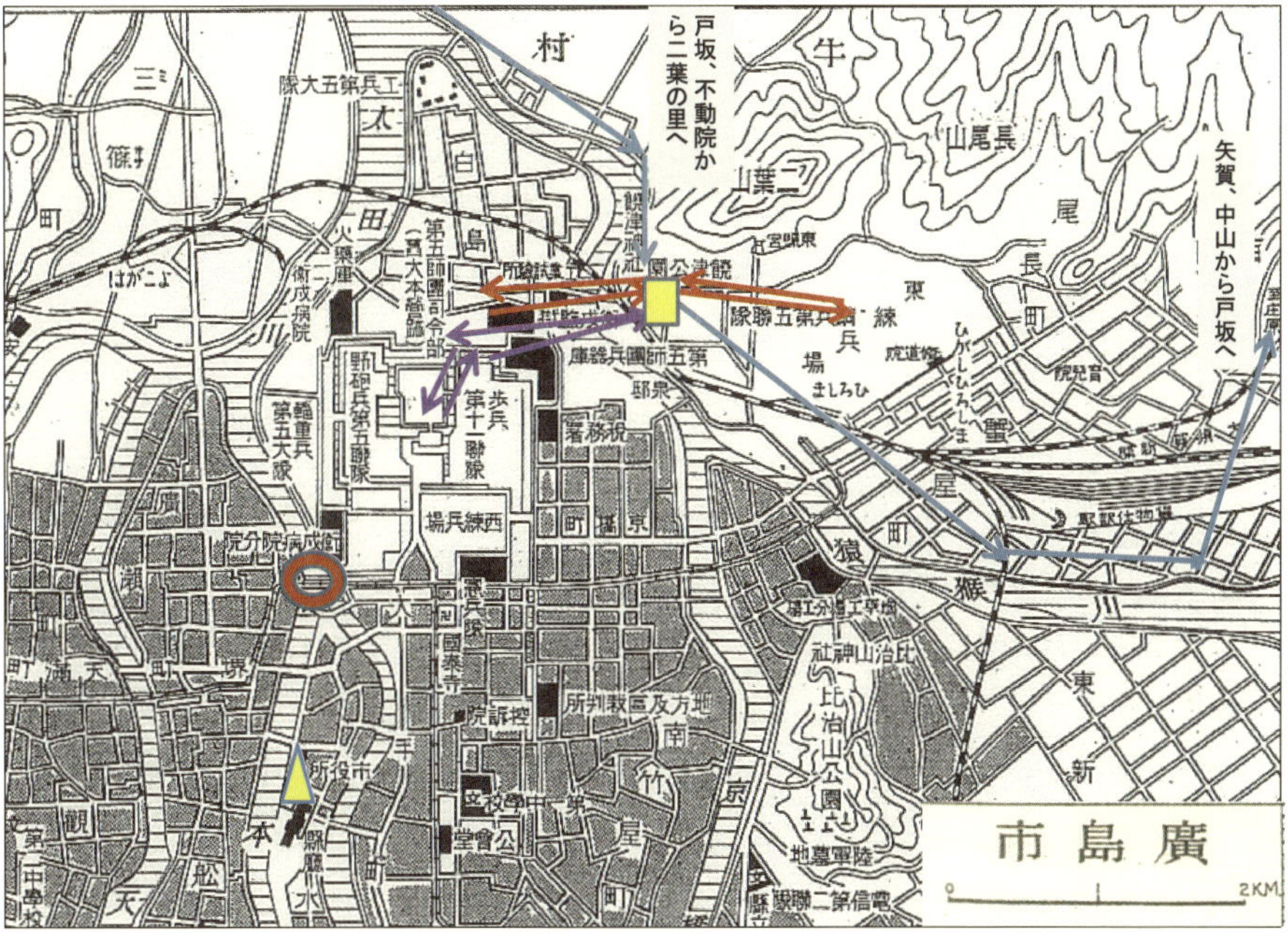

図２　吉田章枝の被爆後３日間の行動範囲
青線：8/6　赤線：8/7　紫線：8/8　赤丸：爆心地
黄色三角：市役所　黄色四角：饒津神社

た。白いものは目立って敵の攻撃目標になるからと、みんなグレーに染め直していたのです。頭には白い鉢巻を巻き、足は下駄履きでした。長い間ズックの配給がなかったので、いつの間にかみんな下駄を履くようになっていたのでした。左肩から防空頭巾を斜めにかけ、右肩には手製のカバンを掛けていました。カバンの中には非常食用の大豆を煎《い》って缶に入れたものや、タオルなどを入れていました。

　八月六日の朝、私はいつものように七時前に饒津《にぎつ》神社のそば（現在の広島市東区）にあった家を出ました。いつもはまだ寝ているはずの父が起き出して、「今日は警報が出ているから気を付けて行きなさい」と玄関まで送ってくれました。私は「はい、行ってきます」と父の顔を見ながら言いました。父は八時頃、家を出たそうです。十九歳の姉は、廣島城の中にあった中国軍管区司令部へ勤めに出かけました。母と七歳の妹は家におりました。

その日の行程は図2のとおりです。ぎらぎらと夏の日がとてもまぶしく照りつけていました。廣島駅前を通り過ぎて、やがていつもの集合場所につき、みんなと朝の挨拶をして、先生の引率で二列に整列し、大きな声で軍歌を歌いながら、五分ほど歩いて工場に着きました。工場は爆心地から四キロメートル離れたところにありました。工場に入り、仕事が始まりました。私たちの仕事は、潜水艦に積み込む配電盤の部品を作る作業でした。私は旋盤の前に立ち、鑢《やすり》を使い始めていました。

突然、ピカッとものすごく強い光が目に飛び込みました。反射的に机の下に身を伏せると同時に、ドーンと大きな音がして、建物の土壁やガラスの破片が降りかかり、周囲は砂埃が立ち込めていました。やっとおさまった頃、机の下からそっと這い出してみました。何が起こったのか、友達はどこに行ったか見当たりません。そばの班長さんが私の手を引っ張って走り出され、そのまま防空壕に飛び込みました。下駄履きの音がカタカタ鳴ったのを覚えています。どのくらいの時間が経ったのか、気が付いたら私は工場の食堂の窓から外を見ていました。前の道をとぼとぼと歩く人が見えました。体中にボロ布をまとったような人達が、両手を前に突き出して、何かをぶら下げているような格好で、次から次へとゾロゾロと東の方へ向かって歩いていきました。だいぶ経ってから、そのボロ布のようなものがやけどで傷ついた皮膚だということを、誰からか知らされました。「廣島駅の方がやられたらしく、火災が起きているから駅前は通れない」と言う声が聞こえてきました。長い、長い時間が経ちました。やっと牛田へ帰られる先生に引率されて、友人四人と家に向かって歩き始めました。その途中、

図３　現在の饒津神社（爆心地から1.8km）

大内越《おおちご》峠に上がってみると、市街地は真っ黒い煙で覆われて、何も見えません。火の先はすぐ近くの尾長町まで延びてきて、チョロチョロと燃えていました。峠の道は負傷者でいっぱいなので、後戻りをして山伝いに歩きました。夕方遅く、やっと家の近くの饒津《にぎつ》神社前までたどり着きました。その時、一人の少年がすっと近づいてきました。服は焼けただれて何も身に着けず、裸足のままで顔も全く見分けがつかなくなっていました。すると友人の一人がその子の名前を呼んで駆け寄りました。それは友人の弟さんでした。後に友人は「向こうから『おねえちゃん』と呼んだからわかったけど、呼ばれるまでは全く気が付かなかった」と話していました。その弟さんは翌日亡くなったそうです。

　饒津《にぎつ》神社は本殿が焼け落ちて、石垣だけが残っていました。神社の敷地内に母を見つけました。両方から走り寄って抱き合いました。涙があふれ

図４　京橋川と縮景園越しに望む現在の広島市の北東部
①：牛田山　②：二葉山　③：東練兵場跡地　④：大内越峠
⑤：常盤橋（奥がJR鉄橋）　⑥：饒津神社

出てきました。我が家は全壊して跡形もありませんでした。父も姉も妹も帰ってきません。成す術もなく、その夜は倒れた家から畳を二枚、近所の人が持ち出してきてくださって、みんなで横になりました。市内中心部の西の空はいつまでも炎で赤く染まっていました。

翌朝（八月七日）早く、八丁堀の家に帰るという友達二人と一緒に出掛けました。近くの橋を渡り白島へ入ると、そこからは一面の焼野原でした。常盤橋の横の鉄橋の上で、横倒しになった貨車がまだ燃えていました。白島で友人と別れ、私は一人で姉を探しに中国軍管区司令部があった廣島城の方へと向かいました。道路には、何もかも黒こげになって、見分けのつかないものがゴロゴロと転がっていました。倒れた電柱の先からは火がちょろちょろと燃えていました。音もなく、しんと静まり返った街、何一つ動きのない街を、私はただ一人歩きました。なるべく周囲を見ないよ

図５　濠に囲まれた現在の広島城周辺
①：西練兵場跡地　②：広島護国神社　③：広島大本営跡
④：広島城天守閣　⑤：中国軍管区司令部跡

うにと、ただ足元ばかりを見つめながら歩いていきました。しかし、ついに恐ろしさのあまり私の足は前に進まなくなりました。遠くから人影が見えてきました。今朝、島から船で着き、歩いて牛田へ行くとその人が言われるので、「どうぞ私を饒津《にぎつ》神社まで連れて帰ってください。一人ではとても怖くて歩けないのです」と頼み、ついて帰ったのでした。午後、道で校長先生に会いました。校長先生は「三年生が軍管区司令部でたくさんけがをして東照宮の下にいる。人手が足りない。手伝ってもらえないだろうか」とおっしゃいましたが、私は母一人を残して今はどこにも行けないことを話してお断りしました。

　夕方になって、隣の奥さんの遺体を倒れた家の下からご主人が掘り出されました。遺体はきれいなままでした。ちょうどその時、そこの長女ののりちゃんが動員先から帰ってきました。のりちゃんの妹は建物疎開に行っていて全身大やけどを

図６　中国軍管区司令部防空作戦室の遺構
半地下式鉄筋コンクリート平屋造。林涼枝はここで亡くなった。原子爆弾投下の第一報を外に向けて伝えた場所である。爆心地から790m

負って防空壕に寝かされていましたが、お母さんが見つかったことを知らせに行くとすでに亡くなっていたそうです。妹の幸枝《ゆきえ》は隣の奥さんについてどこかに逃げたのだろうというそれまで母が持っていた淡い望みは絶たれてしまいましたが、倒れた家の下を探すことは女手だけではできない事でした。

　家路を急いでいると言う消防団の人に無理をお願いして、やっと家を掘り起こして妹を探してもらいました。母が「おったよ、幸枝《ゆきえ》がおったよ」と大声で叫びました。藤色地に水玉模様のワンピースが見えてきました。ピカッと光った瞬間、妹は「お母ちゃん！」と一声叫んだということでしたが、母も下敷きになっていて「幸枝ちゃん、すぐ行くから待ってなさい！」と叫ぶのがせいぜいだったと言うことでした。妹の身体はまだ柔らかく、かすり傷ひとつなく、まるで眠っているままの姿で母に抱かれていました。妹は小学校一年生でした。そばにおはぎが一つ転がり出ていました。八月五日に姉が十九歳、妹が七歳になった誕生日を祝って、母が心を込めて作ったおはぎでした。母が六日のおやつに食べさせようと残していたものでした。あの夜の家族そろっての夕食の時の姉や妹の笑顔が目に浮かんできました。

母と二人で妹の遺体を抱いて、東練兵場に運びました。そこでは山のように積み上げられた遺体をどんどん燃やしていました。ごうごうと音を立てながらすごい勢いで燃えていきます。手を合わす間もなく、妹の水玉模様のワンピースも燃えてしまいました。妹はおとなしい優しい子でした。私とは歳が九つ違っていましたので、一緒に遊んであげることもなく、いつも一人でお人形を抱いて遊ぶことが多く、時々近所のせっちゃんと仲良くままごとなどをしていました。翌朝、母と二人で妹のお骨を拾いに行きました。誰のものとも分からないお骨が山のように積まれています。その中からそっとお骨を拾い、母は大事に抱いて帰りました。

翌日（八月八日）夕方近くになって、母と十九歳の姉を探しに軍管区司令部に行きました。廣島城の天守閣は崩れ、跡形もありません。お堀近くには黒焦げの死体が折り重なり、お堀の水にはたくさんの遺体が浮いていました。燃え残った大木が斜めになって何本か立っていました。司令部跡には軍人さんがただ一人、腰掛けておられました。母は近づいて「林涼枝《すずえ》の母でございます」と挨拶しました。偶然にもその人は姉の直属の上司の山本曹長という方でした。大阪に出張していて、七日に急いで廣島に帰りつかれたとのことでした。母は重ねて言いました。「覚悟はして来ておりますが、娘は？」と。その人は「こちらにどうぞ」と姉の机があった場所に案内してくださいました。そして「『お母ちゃん助けて！　熱いよ！』と叫んだそうです」とおっしゃいました。母はその場にしゃがみ込み、焼け跡を掘りました。お骨が出てきました。真っ白に焼けて小さく小さくなっていました。母は頭の骨を持って、「娘です。間違いありません。この小さい歯は涼枝《すずえ》の歯です」と言って、抱きしめて泣きました。そしていつまでもそのまま動きませんでした。姉は色白でふっくらとして、目元の涼やかな、小さい口元にいつも微笑みをたたえた美しい人でした。母はいつの間にか風呂敷を出してお骨を拾い始めました。私はなぜか涙も出ずに立ちすくんだままで、じっとその光景を見つめていました。

田舎から祖父が出てきて、姉と妹の骨を持って帰っていきました。その夜、私は母の手を取って言いました。「お母ちゃん、大丈夫よ。二人で生きていこうね。私はもう子供じゃないのだから、どんな仕事もできる。工場の仕事でも何でもできるのだから、二人で生きていこうね」と二人で抱き合って泣きました。母は何も言わずに、私を強く強く抱きしめてくれました。涙がいつまでもいつまでも、とめどなく流れてきました。

次の日（八月九日）から、父を捜しに母と出かけました。父はあの日、いつものように八時ちょうどに自転車に乗って家を出たようです。戦闘帽をかぶり、足にゲートルを巻いた姿です。出かけに、母が銀杏の実を植木鉢に五つ埋めておいたのが四つだけ芽を出していたのを見て「四つと言うのは縁起が悪いからもう一つ植えておきなさい」と言い置いて元気に出掛けて行ったとのことです。原爆が落ちた時間にはどのあたりを走っていたのでしょうか。皆目見当がつきません。毎日、毎日、人の集まる所、救護所になっている所など、父を尋ね歩きました。どこかに名前が書き出してないだろうか、何か手がかりになるものは残っていないだろうかと焼け跡の道を歩きました。もう黒焦げの遺体を見ることも、川の中に浮かんで大きく膨れてしまった遺体を見ることにも怖さを感じなくなったような気さえしていました。川に浮かんだ遺体は船に次々と引き上げられていきます。男女の区別など見分けられません。じりじりと真夏の太陽は照りつけてきます。あちこちに水道管が破れて水が噴き出し、それを口に含んではタオルを水で絞って頭に被り、焼け跡の道をあてどもなく父を探して歩き回りました。

どこからか「戦争は終わったらしい。日本は負けたんだ」という声が伝わってきました。八月六日から一カ月が経ったにもかかわらず、私たち親子は行く当てもなく饒津《にぎつ》神社の公園にずっと暮らしていました。九月に入り雨が降り出し、地面に直に敷いた畳は二、三日続いた雨で下からじっとり濡れてきます。周りは急に寂しくなってきました。気が付くと、公園から人が段々少なくなっていきました。隣のご主人は軍管区司令部で被爆されていましたが、外傷もなく、ただ何となく元気がない様子でした。そのご主人が一週間前から歯茎から出血し、下痢が続き、体中に暗紫色の斑点が出て髪の毛が抜けてきました。悪いガスを吸われたらしいと聞きました。それが放射能の被害だったことは随分後になって知りました。結局、亡くなられたご主人は親戚の人が引いてきた大八車に乗せられて運ばれていきました。長女ののりちゃんが後ろからついて行きました。母、妹に続いて父まで亡くしたのりちゃんが、とぼとぼと歩いて行きました。

母と私は父がどこからか帰ってくるような気がしてひたすら待っていました。ある朝、母が言いました。「お父ちゃんはあの爆風で飛ばされちゃったんだろう。『秋子《あきこ》、秋子』と叫びながら……。これだけ探して見つからないということはきっとそうだと思うよ。そろそろ死亡届を出そうと思うけどそれでいい?」と。父も姉も妹も、母の名前を叫びながら逝ってしまい、母と私だけが残されたのです。私は涙ながらに「それでいいよ」とうなずきました。母とともに市役所に死亡届を出しに行きました。焼け跡に机を出した一画で、市の人が受け付けてくれました。何の証拠もない、行方不明のままだったけれど、何とか届けは受理してもらえました。でも「お父ちゃんは生きています。私の胸の中にいつまでも生きています。あの優しい笑顔のままで……」。父は享年五十歳と一カ月でした。父は私たち姉妹をとても大事に育ててくれました。休みには山登りに連れて行ってくれたり、私が食べ物に好き嫌いを言うと、「ねぎの白いところを食べると頭がよくなるよ、ニンジンを食べると髪がきれいになるよ」と優しく偏食を直してくれました。父に叱られた記憶はありません。いつもじっと遠くから見守ってくれていたように思います。

私たち親子は相変わらず饒津《にぎつ》神社の公園で寝起きしていました。ある日の午後、母の知人の坪井さんという方が私たちを訪ねてきてくださいました。「ここにこうしておっちゃいけん」と言い残された翌日、「これから私の家に行こう」と大八車を引いて来られました。坪井さんご夫妻はお姉さん家族七人とともに住んでおられたのですが、私たちを受け入れて下さったのです。その夜、私たちは何十日ぶりかで屋根の下、畳の上で休むことができました。しかしいつまでもお世話になるわけにはいかないと、翌年の春、近所のお宅の納屋に住まわせていただくことになりました。納屋のむしろの上にゴザを敷き、水は母屋から分けていただき、山から拾った薪で炊事をしました。その後、母は仕事を見つけて働くようになり、私も一九四七年春に女学校を卒業し銀行に勤めるようになりました。こうして多くの一九五〇年頃からは母の友人が自宅の二階に住まわせて下さるようになりました。

人々が私たちを支えて下さり、生かされて参りました。

母は戦後、私とともに暮らし、五三年の歳月を経て九十五歳で亡くなりました。明治・大正・昭和・平成をずっと見続け、おだやかに静かに天寿を全うし、一生を終えました。晩年八十歳を過ぎた母は、私に一通の封書を渡してくれました。表には〝章枝《ふみえ》さま　お笑い草に　母〟と書いてありました。母は被爆から何年か経ったある夜、父の夢を見たようです。

「夢の中であなたの父上から授けられた言葉を、今、あなたに贈ります。『堪従《たんじゅう》』こんな言葉があるのかないのか、私は知りません。辞書でも見つかりませんでした。しかし夢の中で、はっきりこの二字が書かれていました。

堪従の　言葉のままにたどたどと　老いたる母は　生きて今日まで
亡き父の　夢の教えの言の葉を　老いたる母は　娘《こ》に伝えたく
冬の日の　厳しさに堪えいる娘を見つつ　力もかせず　唯嘆《ただなげ》くのみ
寒咲きの　あやめのごとく雪に堪え　共に生きゆく　さだめとは知れ
いつの日か　花咲く春も遠からじ　若き孫らの　笑顔明るく」

原爆の記憶から遠ざかりたい、忘れてしまいたいと六〇年間思い続けてまいりました。しかし被爆六〇周年を迎えた時、こんな家族があった、こんな人が生きていた、そしてこんな暮らしがあったということを誰かに伝えなければならない、そんな思いになり、やっと手記を書き、被爆証言を始めたのです[5]。私は今年八十六歳（原文のまま）になります。やっぱりあんな悲しい思いはしたくないしさせたくない、戦争はしてはいけないと思います。二度と私のように悲しい思いをする人がないようにと祈ります。どうぞご家族やお友達を大切に、仲よくなさって、身近な所からの平和を大切にしていただければと思います。争いのない、核兵器のない、平和な世界が訪れますようにと祈ります。

（以上が吉田章枝《ふみえ》の体験録である）

想像を絶する悲劇が原爆投下によってもたらされた。親類縁者は言うに及ばず、多くの人々が人としての尊厳を保つことなく亡くなり、それまでの文明社会は一瞬にして壊滅した。そこに生きることを強いられて放り出された被爆者は、つてを頼り、寄り添ってとぼとぼ歩き、無慈悲な仕打ちに堪えて一日一日を過ごしながら、日常を取り戻すことを目指したのだ。運がよかった人のみが、さらに生き続けることを許されたとはいえ、目にも見えない原爆放射線は、それをあざ笑うかのように、被爆者の細胞核内にあるデオキシリボ核酸（ＤＮＡ）[*1]に傷を付けた。ＤＮＡに付いた傷は何十年を経てもがんなど悪性腫瘍を発生させる原因となり、今でも被爆者を苦しめ続けている[(6)]。その上、不安や恐怖の主体でもある〝ＤＮＡの傷が世代を越えて伝わるのではないか、子孫に対しても影響するのではないか〟という疑問に対する科学的な真偽は、今も結論が出ていない。

しかしそうであっても、被爆者はそこで生きなければならなかった。たとえ生きることに悔いを抱くことがあったとしても、夾竹桃《きょうちくとう》の花に元気づけられながら、将来を信じて与えられた命をつないで来たのだ。独り一人の小さな努力が新たな生きがいを生み、生かされた意味を考えながら、社会を復興させてきたのだ。

＊1　デオキシリボ核酸（ＤＮＡ）：ＤＮＡはヒストンに巻きつくことによって折り畳まれて染色体として細胞の核内に存在する。ＤＮＡ上のタンパク質の作り方を記録している場所を遺伝子と呼ぶ。

（4）被爆証言者との面談

話を戻そう。そんな中で母は倒れ、リハビリを経て最後の在宅療養を始めたのだった。従妹の吉田章枝《ふみえ》は折に触れて見舞いに訪れ、私たち世話をする家族の不安には「菘《すずな》（母の名前）ちゃんの気持ちは複雑だろうけれど、在宅で過ごすという希望を叶えてくれた貴方たちの選択には感謝して、それなりに受け入れてくれているのではないかしら」と母の気持ちを代弁した。振り向いた彼女の笑顔は、元気な頃の母の笑顔を彷彿《ほうふつ》とさせるもので、私たちを芯から癒した。しかし母の存命中は、吉田章枝《ふみえ》に現在の思いやこれからの医療に対する希望を聴く機会はなかった。彼女の苦難を掘り返すに違いないという遠慮とともに、彼女の痛みを共有する相応の覚悟が、私にはまだ十分備わっていないように感じていたからだ。ただここまでの被爆体験でとどまるならば、私の親兄弟の場合と同じように、吉田章枝《ふみえ》の現在の思いやこれからの医療に対する希望を聴きそびれてしまうことになり、私は彼女の今後の生き方を知る機会を失うことになるはずだった。

この流れを大きく変えたのは、最後まで自分らしく生きるという課題を私に銘記《めいき》させた、母の死だった。母が逝った日から五カ月が経った大寒の日、現在《いま》の思いやこれからの医療に対する希望を尋ねる

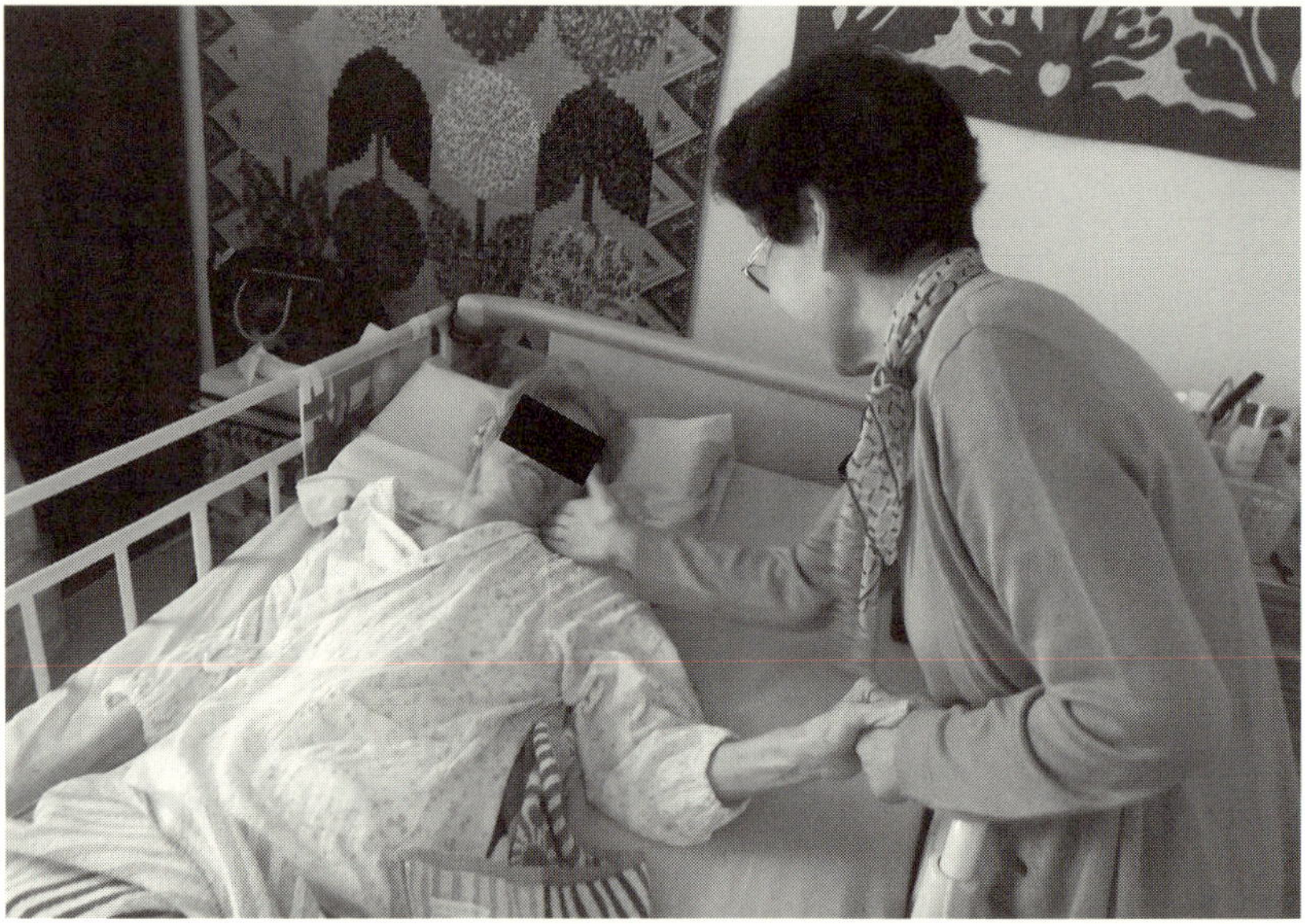

図7　従姉妹同士のつながり

面談のために、私は吉田章枝《ふみえ》のマンションを訪ねた。私を招き入れた彼女は、「今日はどうしても、これでお茶を飲んでもらいたい」と言って、話の前にわざわざ古い萩焼の茶碗でお茶を入れてくれた。聞けば、かつて私の曾祖母が使っていた茶碗だと言う。戦時中、祖父の弟が〝母の遺品〟として守り抜き、戦後、妹にあたる「林の叔母さん」が譲り受けたものだった。私はここに来て、曾祖母の温もりとともに、曾祖母の孫にあたる吉田章《ふみ》枝《え》の生き様を聴くことになったのだった。

自分らしく生きることを目指した生き方を探すために、私は彼女の生き様をありのままに聴かせてもらうことにしたのだった。人生に優先順位をつけて歩いてきた彼女の足跡を追体験することで、彼女の痛みに遭遇することはあり得ることだったが、その場合には素直に私の感性で受け止め、自分らしく生きるという行為について、真摯《しんし》に考えてみようと思っていた。母の死はいつの間にか私から、痛みを共有する覚悟へのこだわりを取り去っていた。

質問：「人生の満足度と原爆の影響は？」

回答：これまでの人生で最も満足度が高いのは今かな。だから仮りに今を一〇〇点とすると、

　誕生から原爆（十六歳）まで　一〇〇点
　原爆から一九五〇年（二十一歳）まで　一〇点
　一九五一〜一九五五年の結婚（二十六歳）まで　七〇〜八〇点
　結婚から子供の結婚（一九八〇年：五十一歳）まで　八〇点
　その後二〇〇七年の夫の死（七十八歳）まで　七〇〜一〇〇点
　二〇〇七年から面談の日（八十七歳）まで　一〇〇点

質問：「自分の生き方はどんな生き方だと思っていますか？」

回答：被爆直後から困った時にはいつも助けてくれる人が現れて、何とか乗りきることができた。その上、しんどいことは母が全て肩代わりしてくれたように思う。特に、戦後に迎えた青春時代は楽しかったものね。一番つらかった時期がそうだから、取り立てて苦労したと思わん（思わない）のよ。

質問：「治ることがない病気になったとしたら？」

回答：被爆者だからといって特別にこうしてもらいたいという医療への思いがあるわけではなく、普

通の老年者と同じ扱いでいいと思っている。最期の迎え方で一番望むのはピンコロ（最後までピンピンで過ごし、最期はコロッと）よね。自分のことが自分でできる最期を迎えたいわ。

質問：「これだけはしてほしくないという医療は何？」

回答：延命治療はせんでも（しなくて）いい。死が避けがたいものとなったら、病気の自然の成り行きにまかせ、ありのままを全て受け入れるつもり。

質問：「もしもの時にあなたは胃瘻《いろう》を受けられますか？」

回答：もしもの時は、救急車を呼ばないで！　胃瘻はしてもらわんでも（もらわなくても）いいからね。

質問：「もし呼吸困難が強くなり、身体に酸素が入らなくなったら、気管に管を入れて機械で呼吸を維持する人工呼吸を受けられますか？」

回答：苦しい症状は和らげてほしい。でも長引くものなら人工呼吸器による管理は受けたくない。これだけ生かしてもらったのだから、最後はあっという間に逝きたいわ。

私との面談後、吉田章枝《ふみえ》は話した内容を娘に伝えた。娘は「救急車は呼ぶと思う」と彼女の思いには同意しなかったという。それに対して彼女は「子供の立場ならそうでしょう」と娘の気持ちに理解を示す一方で、「でも……病院に着いてからは、私の希望する治療方針でやってもらいたいわ。たとえ救急車が呼ばれることがあったとしても、救急隊を通して私の希望が病院に伝えられるように、冷蔵庫の中の〝命の宝箱〟(7)*1にそのことを書いたものを入れているの」と告げたのだ。もしもの時の医療についての希望は絶対的なものではなかったが、最後まで彼女らしく生きるために、彼女の意思にしたがって進めてもらいたいという思いは強いものがあった。

聴取する側からすれば、そこから生き方を学び取ろうとする気持ちさえあればいつでもどこでも面談は可能で、痛みを受け取る相応の覚悟は必要条件ではなかったというのが、彼女との面談を終えた私の感想だった。その一方で、あの日あの場所にいた全ての人が、一発の原爆によって否応なく地獄を経験させられたという、理不尽で想像を絶する悲劇が、たった七一年前に展開したことに対する怒りと涙は、改めて平和であることの尊さを私の心に刻むものだった。

さて、できるだけ客観的に話を聞いて、最後まで自分らしく生きるという行為について考えてみたいと思っていた私は、被爆以後の吉田章枝《ふみえ》の人生の評価が、彼女の人生の満足度の動きに端的に表れているのを知った。どん底時代には、日々の暮らしは破壊された社会の中で文明とは縁のないままで過ぎていった。幸い彼女の場合、戦前からの多くの知人に助けられ、また被爆後五年を過ぎる頃から「青春は楽しかったものね」と思い出すことができるような青春時代を迎えたこともあって、若さと日々の充実感が人生の満足度を徐々に改善した、戦後の一〇年間だった。こうして、彼女は社会的にも自律し、自分らしく尊厳ある生き方を貫くことが可能になったようだ。原爆までの一六年間の子供時代とともに最近一〇年間の満足度が飛びぬけて高いとは言え、心に刻まれた傷やつらい思いは今でも残っているはずだ。にもかかわらず、それらに折り合いをつけて心の奥にしまい込んだ彼女は、最後まで自ら判断を下すことで、彼女らしく自律した満足度の高い生涯を過ごすことになるだろうと私に思わせる、力強さを感じさせたのだった。

もちろん、吉田章枝《ふみえ》の体験以上に凹凸のある戦後の人生を生きた人も多かったはずだ。たとえば米国の映画監督スティーブン・オカザキは、入院中の女性被爆者が思いを語るロケーション撮影を、「先生の診察室で撮影させてください」と主治医であった私に要請したことがある。二〇〇七年に封切られた〝White Light / Black Rain : The Destruction of Hiroshima and Nagasaki〟（邦題：ヒロシマ ナガサキ）の裏話だ。できあがった映像には、文明崩壊への警鐘として被爆者の淡々とした苦難の語りが多く盛り込まれ、その中から立ち上がろうとする彼らの自律する姿が映し出された。私には森瀧市郎の「人類は生きねばならぬ(8)」という絶対悪としての核兵器廃絶の叫びを思い出させたものだった。ただ、その生き方を自分の人生に重ね合わせて参考にするには、もっと日常的な考え方や生き方の情報が私には必要だった。

最後まで自分らしく生きて、人生を全うすることの可能性と意義に迫りたいと思い始めていた私は、吉田章枝《ふみえ》との面談がきっかけとなって、自分の価値観にしたがって正直に自ら判断することで、最後まで自分らしく生きることができるのではないか、そしてそれによって人が人として大切にされる社会を作り上げることにつながり、その生き方が深い悲しみも癒すことになる、そうした筋道を描くことができるような不可視な高揚感を実感するようになっていた。その可能性を確かめる必要性をさらに後押ししたのは、母の晩年に笑顔が消えたという事実だった。あの時、それに気付いた私は扉の奥の声によって、老いの重要さを諭されたのだが、それにとどまらず言葉を失った母のスピリチュアルペインの表現だったかもしれない、という思いがずっと引っかかっていたのだ。もしそうであったのなら、全介助状態にあった母は自分らしく生きられないことに苦痛を感じていたかもしれなかったのだ。しかもそれは、ケアプランで用意された地域包括ケアの連携では解決できるものではなかった。と言うことは第一章の（1）で思い描いたように、当時の母が自分の価値観にしたがって自ら判断するという、母自身の課題が解決される必要があったのかもしれないということになる。そうであるならば、寝たきり状態時の対応について語ることなく倒れた母には、解決できない課題だったはずなのだが。だからこそ、そこに潜んでいた母の思いを推し量るためにも、人生を全うすることについて、私はもっと多くの人生の語りを聴く必要があった。

そこで私は、これまで付き合いのあった被爆者に面談の依頼を始めた。現在まで歩いてきた人生を語ってもらい、それを通して今を生きる彼らの姿を写し取ってみる試みに手をつけることにしたのだ。老年者となった被爆者の生き様を聴き、さらに、〝老い〟とともに重要な関心事となった医療に対する希望や思いを覗《のぞ》く中で、自らの価値観にしたがって判断することの意義を見極めるつもりだった。

＊1　命の宝箱：救急医療情報キット[7]の一つで、自宅に駆け付けた救急隊を介して救急医（担当する主治医）に患者の意思を伝える一つの手段。自宅の冷蔵庫（ドアポケット）に保管した〝命の宝箱〟に、持病やかかりつけ医、緊急連絡先などの情報とともに医療への希望や対処法を書いて入れておくことにより、駆けつけた救急隊は、（1）玄関扉の内側に貼ってあるシールを見て、〝命の宝箱〟が屋内にあることを確認し、（2）冷蔵庫の扉のシールを見て冷蔵庫の中に〝命の宝箱〟があることを確認、（3）冷蔵庫に保管していた〝命の宝箱〟を取り出す、という手順で救急医に患者の意思が伝わることになる。

第二章　被爆者の人生の語りを聴くために

（1）被爆者の語りに執着するわけ

自分らしく生きることを拒絶された被爆者の原爆体験、そしてそのどん底から彼らがいかに立ち上がって来たのか、彼らの人生を時間軸に沿って振り返り、そこから彼らの生き方を推し量ってみようと考えたことが、被爆者の語りに期待しようとした直接的な動機だった。ここではそれを補完する理由をあげて、第三章からの実際の被爆者の語りにつなげたいと思う。

被爆者は圧倒的な暴力によってつらい人生を強いられた。それは若くして自分の生き方と向き合ったことを意味している。周囲からの偏見と抑圧の中で、大きな不安や貧困と対峙《たいじ》しながらの生活だったはずだ。また身体の不調な時でも思うような医療を受けることは叶わず、若くして、健康あるいは疾病や死と向き合う体験をした人たちでもある。事前の人生設計として、将来の医療に対する希望や思いを聴き取ろうとする立場からすれば、被爆者による人生の語りは最後まで自分らしく生きることを目指すという目的に見合ったものに見えるのだ。これが被爆者の語りに執着しようとする第一の理由だ。

次に、被爆者は運命的な力によって生かされた人たちだ。多くの被爆者が、被爆死した人々に後ろめたさを感じながら生活してきた理由もそこにある。だから将来受けるかもしれない医療への希望や思いについては、「今のままで十分」と頑なに口に出すことを控える場合が多かった。その抑圧した感情や我慢の下に隠れている思いを周りに伝えることができれば、気持ちの上で被爆に伴う呪縛から解き放たれ、自分らしさを取り戻すことにつながるかもしれない。実例を上げよう。陸前高田市にある漂流ポストは、東日本大震災で亡くなった人々の遺族が、亡き人に宛てた手紙を出すポストだ。心にたまった思いを字にすることで、後に残された人々は癒されていくという。[9] その過程こそ私たちが聴こうとしている被爆者の心づもりに対する試みと重なる気がする。これがまさに第二の理由である。

第三の理由は、被爆から七一年経った現在《いま》の被爆者の生き様を、被爆二世の目で伝えるべきだという思いだ。二〇一二年に広島で開催された第二〇回核戦争防止国際医師会議世界大会で被爆二世医師によるシンポジウム[4]を司会した私は、会を終えるにあたって次のように発言した。「被爆二世は被爆者の気持ちを知るのに一番近いところで育ちました。核兵器の非人道性を告発し、世界からこれを廃絶し、平和を求めることの大切さを自覚しています。したがって、被爆二世として廣島・長崎の体験を伝えることが、われわれの世代の使命であると考えております。それを聞いていただき、創造力を磨いて、その非人道性を理解していただきたいと切に願います。このような取り組みの積み重ねを行いながら、国際的理解を深め、目的を共有する人々と連携しながら、核兵器廃絶、恒久平和の実現、達成へのロードマップを模索したいと思います。最後に、廣島あるいは長崎で起こった非人道的な物語が語られ、それを聞いた人に少しでも理解が広がることは、親世代にあたる被爆者に対する人間的あるいは社会的癒しであると考えております」と。ただ、過去の体験にとどまることなく、〝今を生きる〟被爆者の生き様を伝えることは、さらに大切な要点だ。そのためには被爆者の日常生活の中から、彼らの行動や発言を拾い出すべきだろう。もしそれを社会に役立つ形で提供できれば、今を生きる被爆者の生き様や思いは、自分らしく生きるために優先順位を付けて生きてきた結果として、多くの人々にとって新たな社会的価値として利用される可能性がある。これは被爆二世である私が企画するべきことだ。

第四の理由は被爆者全員が老年者になったということである。わが国が直面している高齢社会の先頭に立って、自分らしく生きようとする分別のある役回りを、ヒロシマやナガサキの再建者としての被爆者にこそ、担ってもらいたいと思うのだ。〝もしもの時〟に備えて医療の希望や思いを表明してもらうことができれば、この表明に躊躇《ちゅうちょ》している多くの老年者の手本となり、自分らしく生きる姿さえもその過程で浮かび上がってくるのではないかと、期待もしているのだ。自分らしく生きるためには、自ら判断を下し〝自律すること〟が要点の一つだと思うが、どのような状況にあろうとも〝人間の精神力が他のいかなる力よりも強く、尊く、優れている〟（広島逓信病院碑文）ことを示し、自らの道を切り開いてきたのは被爆者自身だったのだから、彼らならこの役回りをやり遂げてくれるに違いない。

（2）面談への参加と対話内容の扱い

面談への参加は、私の呼び掛けに対する被爆者自身の自由な意思で決められた。広島赤十字・原爆病院や三原赤十字病院の相談室・診察室、広島市内ならびに近郊の介護施設や原爆養護ホーム舟入むつみ園の医務室・居室などが面談の場となり、私の他に看護師・生活介護士・医療社会福祉士などを加えて、原則として二人以上で行われた（図8）。

面談は、今後の被爆者からの全人的な相談に生かすこともあって、彼らが生きたその人生を聴き、さらに老年者となってより身近な関心事となった医療に対する希望や思いを把握することから始めることにした。単なる生活史を聴き取るのではなく、〝最後まで自分らしく生きる〟という願いにつながる、その人の価値観を探す試みでもあった。

具体的には私が主に質問し、被爆者は自分の意思にしたがってそれに答える対話方式で進行したが、要点ではお互いに意見を出し合った。広島県地域保健対策協議会[10]作成の質問用紙（〝私の心づもり〟と呼ばれている。図9：第四章ならびに付録参照）を用いた聴取も行った。可能な被爆者には、こうした面談の啓発や被爆者の現状の紹介、そして核兵器の廃絶のために聴取した内容を使用したり、施設内や外部の医療機関・介護施設へ情報提供するための許可を、口頭あるいは文書で得ることも試みた。原則として聴き取った内容は被爆者自身に印刷物として手渡し、承諾が得られた人ではコピーを当該カルテに添付した。

一方、被爆者が話した時と場所を用い、その時私が感じた要点を中心に、対話の雰囲気を加えて面談内容の文章化を進めた。語り手の記憶に頼る面が多分にあったことから、あえて詳細な時代考証は避けたが、この文章化は、実践医療につなぐ際には家族や医療者間で行われる被爆者の語りの咀嚼《そしゃく》行為とも言うべき行為を私が代わって行ってみたものであり、聴取内容を具体化するための試みであっ

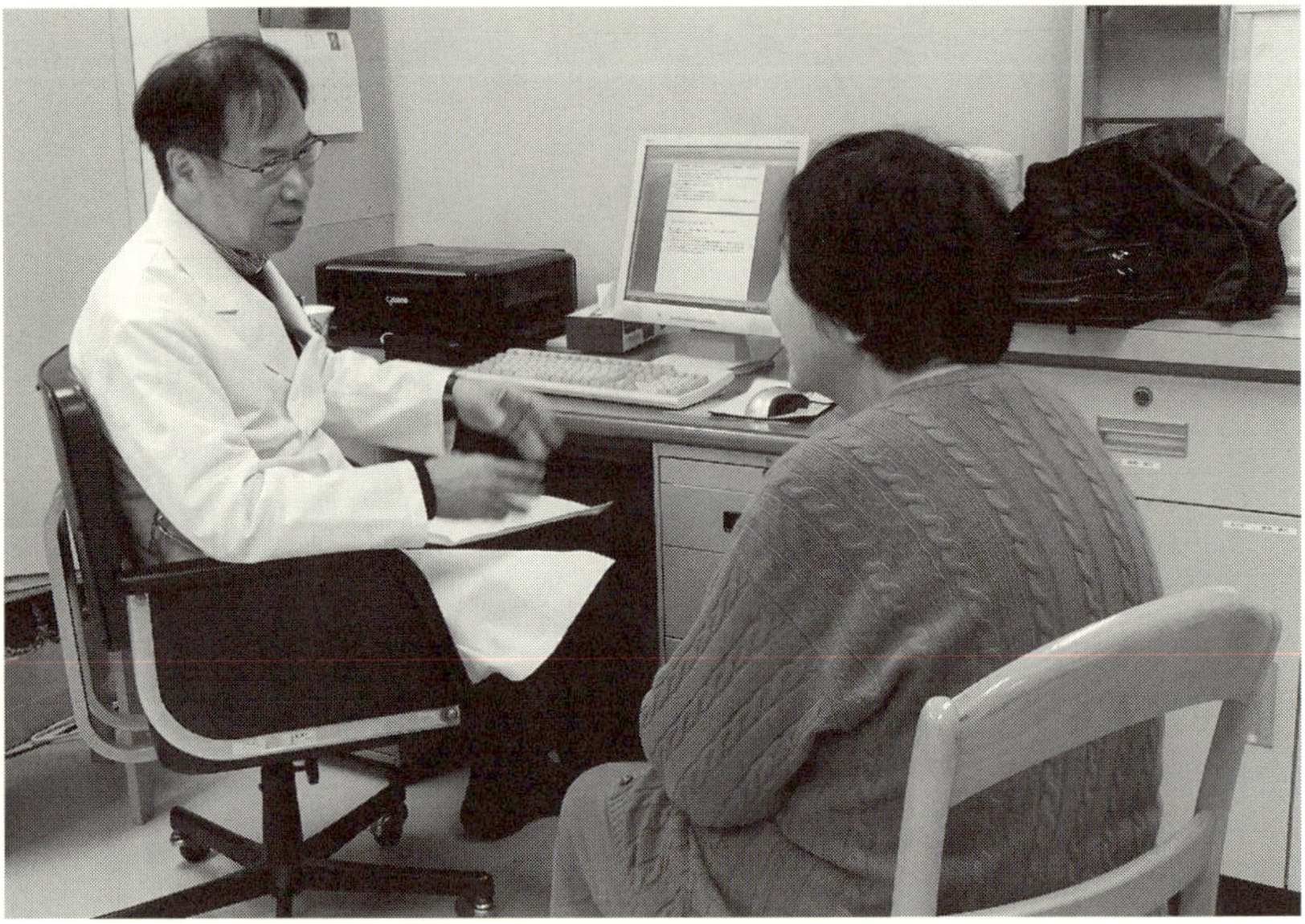

図８　最後まで自分らしく生きるための対話

将来、自分自身で自分のことを決められなくなったときに備えて、
今のあなたの希望や思いを整理してみましょう。
以下の問いにお答えいただきながら、ご家族や医師との話合いを持ちましょう。

ステップ１：あなたの希望や思いについて考えましょう

あなたが大切にしたいことは何ですか？（いくつ選んでも結構です）

□ 楽しみや喜びにつながることがあること
□ 身の回りのことが自分でできること
□ 人として大切にされること
□ 社会や家族で役割が果たせること
□ 痛みや苦しみが少なく過ごせること
□ 人の迷惑にならないこと
□ 自然に近い形で過ごすこと
□ 先々に起こることを詳しく知っておくこと
□ 他人に弱った姿を見せないこと
□ 信仰に支えられること
□ 家族や友人と十分に時間を過ごせること
□ 落ち着いた環境で過ごせること
□ 人生を全うしたと感じること
□ 望んだ場所で過ごせること
□ 医師を信頼できること
□ 納得いくまで十分な治療を受けること
□ 大切な人に伝えたいことを伝えること
□ 病気や死を意識せずに過ごすこと
□ 生きていることに価値を感じられること

図９　質問用紙“私の心づもり”の一部（ステップ１）[10)]

た。第三章の〝話し始めた被爆者〟に掲載した被爆者の語りは、こうして私が作成した文章である。

（3）被爆前後の社会情勢

次に、被爆前後の廣島市の状況や時代背景をある程度理解しておくために、若干の知識についてここで触れる。それによって被爆者の人生の語りも、より身近になるはずだ。

①　被爆直前の「廣島市」

一九六九年に刊行された原爆爆心地(11)によると、明治以後、軍都として歩み続けた廣島市は、そこで生活する人に加えて、太平洋戦争当時、九万人に近い軍人・軍属がいて、労働力として他に八万人を超える朝鮮人が土木工事や軍需工場で働いていたという。

一方で全国各地が大規模な空襲を受けるようになったことから、それに備えて、消防道路と防空小空地を作るために一三三カ所、八、二〇〇坪の間引き疎開が命じられた（一九四四年十一月　内務省告示）という。廣島市内は東西に二分され、町内会単位で編成された国民義勇隊三万人と十〜十三歳の生徒を中心にした動員学徒隊一一、〇〇〇人が、主に市の中心部での建物疎開に従事した。さらに、より上級生は軍需工場に動員されて、あの日も四九カ所、一四、〇〇〇人が主に市の周辺部にあった工場に出勤するはずだった。

② 被爆時の医療体制

全国の主要都市が空襲で灰燼《かいじん》に帰す中で、一九三七年に制定された〝防空法〟によって、医療者は都市部から疎開する自由を奪われていた。消防・避難・救護などの防空業務における負傷者の手当のために、医師や看護婦など医療者には「滅私応召すべきものとす」とする県知事からの防空法に基づく防空業務従事令書が交付されたのだ。これにより廣島市内の医療者の大部分の人々が廣島市内に留め置かれた。そのため、医療者二、三七〇人のうち二、一六八人が被爆したとされている。医師に絞ると、二九八人いた医師のうち二七〇人が被爆し、その後を含めて二二五人が殉職したという。(12) 被爆直後の医療救援に参加できた地元の医師はわずか二八人、看護婦は一三〇人に過ぎなかったと言われている。(13)

③ 被爆による人的被害

比較的把握できた住民の数に比べて軍人・軍属や朝鮮人の数は正確性を欠いていた。そこに無差別な大量殺戮兵器《たいりょうさつりくへいき》であった原爆が落ちたのだ。社会体制・医療体制は崩壊し、次項で述べるプレスコードによる原爆関連の調査規制が加わって、今でも原爆による正確な人的被害の数は知られていない。しかもこの点に的を絞った国としての本格的な調査は行われなかった。

それでも〝原爆爆心地〟(11)や〝年表ヒロシマ四〇年の記録〟(14)には、限られた情報源からの当時の廣島市の人口と被爆死傷者数が集められ、時間経過に沿って記載された。ここでそれを箇条書きにして引用する。

一九四二年：廣島市の人口は四一九、一八二人。

一九四四年：疎開により廣島市の人口は三三六、四八三人。

一九四五年六月三十日（米穀通帳登録人員調）：被爆直前の廣島市在住の人口二四五、四二三人。

一九四五年八月二十一日（廣島県衛生課）：死者三二、九五九人　被爆当時の廣島市の総人口三〇三、四九一人。

一九四五年八月二十六日（廣島県衛生課）：死者四六、一八五人　行方不明一七、四二九人。

一九四五年十一月三十日（廣島県警察部）：死者七八、一五〇人　被爆当時の廣島市の総人口三〇六、五四五人（重傷者九、四二八人、軽傷者二七、九九七人、行方不明一三、九八三人、罹災者一七六、九八七人。これには軍関係者九万人が除かれており、県外に避難した人などの調査漏れがある。しかも死者数についても調査の時期や方法に問題があって十分なものとは言えない）。

一九四六年八月（広島市調査課）：町内会役員に依頼した被爆世帯調査での回答によると、死者一二三、八七〇人　被爆者総数一四二、八八三人　これをもとに被爆当時の廣島市の人口を三一二、二七七人と推計。

一九五〇年国勢調査の付帯調査：廣島市内で被爆して生存していた者は、全国で一五八、六〇七人（広島市内には九八、一〇二人）。

一九五三年六月の中国新聞：「総合推計した結果、被爆当時の人口四二万人（在住者二五万人、軍関係者八万人、市外からの来訪者九万人）から前記国勢調査時の被爆者数を差し引いて、被爆による即死者並びに直接死因者は二〇数万人」と報道された。

④ 被爆情報の隠蔽《いんぺい》

連合国軍最高司令官総司令部（GHQ）は、終戦後の一九四五年九月十九日、プレスコードを発した。これによって国内では、原爆関連の報道や書籍、個人の手紙は検閲を受けるようになり、厳しく規制された。この事実は当時の一般大衆には知らされなかったという。しかも米国政府はその後二五年間にわたって、被爆直後の映像や写真の公表を抑えた。あれだけの被害を受けながらその実態は隠され、身体的な被害は言うに及ばず、精神的な被害、社会的な被害、経済的な被害、文化的な被害など、人の活動における全ての分野での被害が、一部の地方（廣島と長崎）の限られた人々の災難としてその地域に押し込められ、情報共有がないままに時間だけが過ぎることになったのだ。

ただわずかに、一九四六年八月には米国ニューヨーカー誌にジョン・ハーシーの〝ヒロシマルポ〟が掲載され、これによって全世界の人々が惨状を知るところとなったし、同じ月には学術研究会議特別委員会の〝爆心直下半径約五〇〇メートルの範囲では死亡率一〇〇パーセント〟などの原子爆弾調査の結果が、会議から二カ月遅れて報道されたのだった。(14)

⑤ 生活環境の破壊や被爆後の家庭崩壊

被爆後、多くの被爆者は爆風や火事で家屋を失った。被爆当時の廣島市内には、廣島城を中心に三九カ所、およそ六〇〇万平方メートルの軍用地があり、(11)しかも多くの河川には広い河川敷があった。そこでこれらのスペースが被爆者の居住地として利用された。一九四七年六月に撮影された写真には、基町（西練兵場跡：図5：現在の広島市中区）に並ぶバラック建て住宅が写っている。(14)河川敷に続く河岸の一部は、後に再開発されるまで原爆スラムとして残った。二〇一六年から始まった広島平和記念資

図10　広島平和記念資料館下の遺構調査現場（2016年10月）

料館の耐震工事に先立つ遺構調査では、地表から数十センチメートル掘り下げることで、焼け土とともに被爆当時の生活の跡が確認された（図10）。

一九四六年八月一日の中国新聞は、「原子爆弾死没者のうち約千人が、遺族不明で戸籍上は生きている」とする広島市の発表を載せた[14]。一家全員死亡や遺族離散などのために死亡届が提出されず、死者を戸籍簿から抹消できなかったのである[15]。一方、一九四八年に行われた全国一斉の戦災孤児の調査では、広島県内の戦災孤児は三、七二五人で、そのうちホームレスは三、二六九人（広島市内では七七六人）となっていた。また一九五三年六月の広島市の調査では、原爆による未亡人世帯一七一世帯、原爆孤児二八五人と発表された。原爆投下とともに孤児、未亡人、身体障害者、孤老など家族崩壊や身体機能の破綻がもたらした社会的弱者の増加が、広島市を中心とする当時の社会を特徴づけていた。被爆後一七年を経た一九六二年の調査でさえ、原爆が原因で社会的に脱落した者は調査対象となった五八五人のうち六〇・八パーセントにのぼり、原爆のために未亡人になったのは同じく調査対象となった女性一五八人のうち七五・三パーセントだったという。[11]

⑥ 被爆者医療の芽生え

廣島市内の活動に留め置かれた医療者は原爆により死傷し、廣島市内での組織的な医療は崩壊した。被爆者はまともな医療を受けることができない状況になったのである。プレスコードにより被爆直後の貴重な研究資料も没収される状況で、空白の一〇年が始まった。そこで繰り広げられた被爆者への医療は、破壊と貧困の中での〝原爆の風評と不安〟に怯える人々に対する全人的な医療であった。当時の医学では理解できなかったはずの放射能障害が加わった〝何でもありうる病態〟としての〝原爆症〟に対する医療環境は、プレスコードという政治的な圧力を受け、限られた医療資源と検査機器による貧弱なものだった。しかし被爆による白血病の多発を報告した山脇卓壮、呼吸器系のがんの多発を指摘した於保源作など、地域の実地医家は熱意を持って治療と臨床的観察を続けたのだった。中山広実は被爆者健康手帳の基になった手帳を、番号を付けて被爆者に配ったと記録されている。[16]

こうして被爆者医療は地域を巻き込んだ〝原爆症に対する社会包括的医療〟としての側面を有しながら、細々と続けられた。一九五七年、被爆者医療の中核であった広島原爆病院で講演した都築正男は、「他覚的所見（医師が診察や検査から認めた臨床上の所見）が無くても、全ての苦しみ、あらゆる悩みは愛の心を持って聴いてあげたい。そして調べ、及ばずながら苦しみを和らげる治療でもしてあげたい。その間に積み上げられる医学的資料は、やがて原子力時代の災害予防に役立つであろう」と述べ

図11　広島原爆養護ホーム舟入むつみ園

た。これは当時の被爆者医療に関係した医療者の共通した認識だったという(6)。福島原子力発電所事故から五六年前のことである。

⑦　国の支援の開始

着のみ着のままで生活する被爆者は、あまりにも貧しく、自分の気持ちを語る余裕さえ持たなかった。生き延びた人々は、黙って耐えたのだ。「国がやったことなのに、原爆で破壊された廣島に国は何もしてくれなかった。廣島は誰の助けも借りることなく、一人で立ちあがったんですよ。長崎だって同じですよ」と、国の支援がなかったことを問う発言が被爆者から聴かれるのである。戦後約一〇年間、国からの財政的支援がない状況は続いた。

国の支援が始まったのは一九五七年のことだった。この年、〝原子爆弾被爆者の医療等に関する法律〟(原爆医療法)が施行され、初めて被爆者約二〇万人を対象とした被爆者健康手帳の交付が始

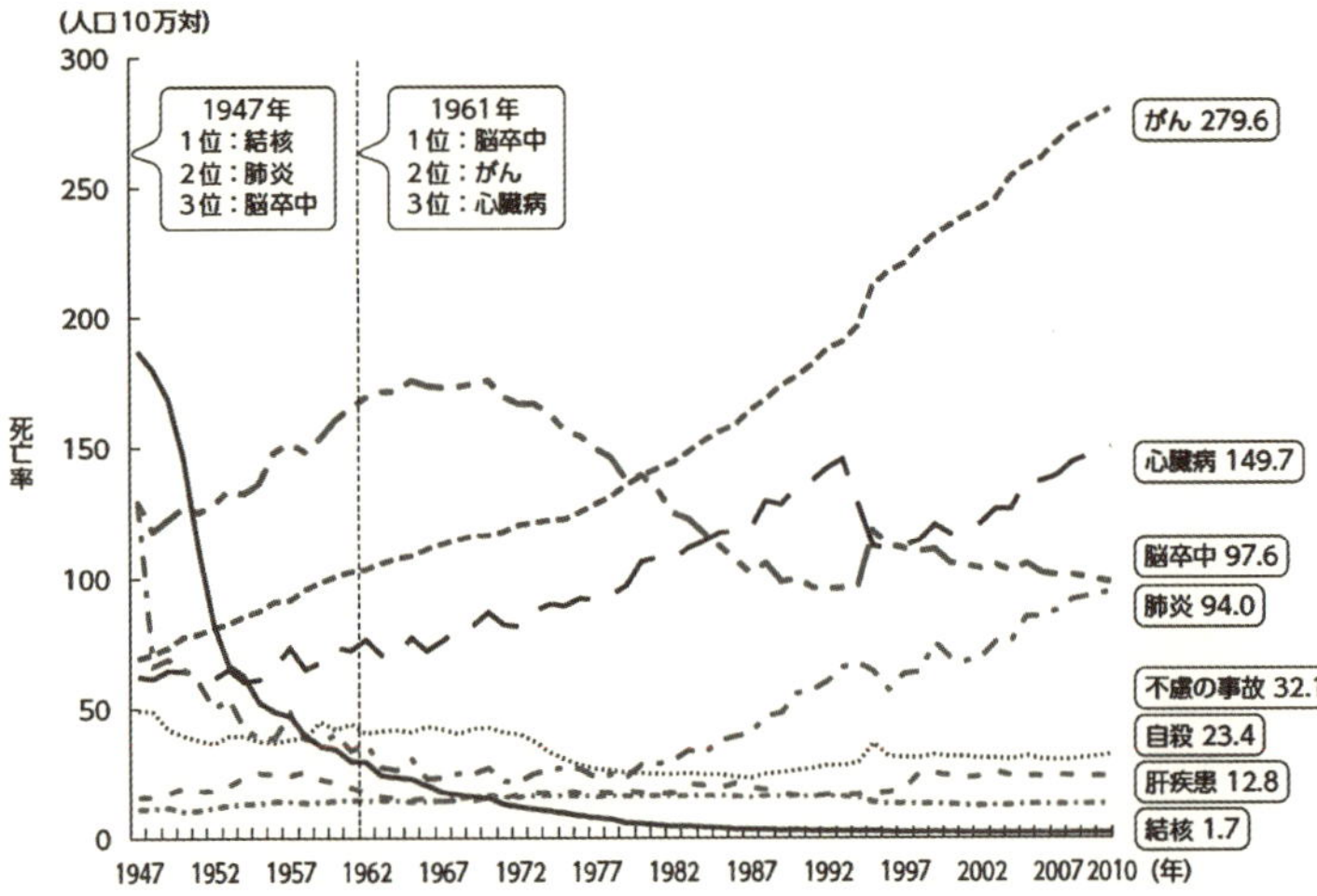

資料：厚生労働省大臣官房統計情報部「人口動態統計」
(注)　2010年は概数値である

資料:平成23年版　厚生労働白書

図12　死因別に見た死亡率の年次推移

まった。全被爆者に対する無料の健康診断の実施と認定疾病に対する医療の給付につながる事業が開始されたのだ。こうして医療や検診についてはある程度体制が整ったものの、自宅で養護・介護を受けられない高齢化した原爆孤老の一部は、病院に住所を残したままで生活するなどの状況が続いていた。彼らが安心して余生を過ごせる生活の場が求められていた。

一九六八年の〝原子爆弾被爆者に対する特別措置に関する法律〟の施行は、原爆で身寄りを失くした人々を収容し、必要であれば医療を提供する施設である広島原爆養護ホーム[*1]〝舟入むつみ園〟（図11）の開設（一九七〇年：一般養護[*2]一〇〇人、特別養護[*3]五〇人）につながった。あれから四六年、現在の〝舟入むつみ園〟は、自分のことが自分でできる一般養護の被爆者のみが入居できる生活のための施設に変わり、そこでの医療の提供は行われていない。したがって医療が必要な場合には施設外にあるかかりつけ医に受診することになっている。そこで介護度が上がった入居者は養護変更を経て、広島原爆養護ホーム[*1]"神田山やすらぎ園"（一九八二年開設）、広島原爆養護ホーム[*1]"倉掛のぞみ園"（一九九二年開設）などの特別養護老人ホームへ転園することになる。

⑧　感染症の推移

戦前の平均寿命は男女ともに五十歳を超えることはなかった。初めて五十歳を超えたのは一九四七年の調査で、この時の平均寿命は男性五〇・〇六歳、女性五三・九六歳だった。当時の平均寿命に大きく影響した因子としては、戦傷死など社会情勢による要因とともに感染症がある。ちなみに一九四七年当時の死因の上位三位までには結核、肺炎、脳卒中があげられており（図12）、感染症による死因が重要な疾病であったことが分かる。その後の公衆衛生の改善と抗生物質の開発は感染症による死亡を減少させ、がんなどの生活習慣病が主体を占める契機となった。

＊1　広島原爆養護ホーム：三施設の運営は広島市と広島県が共同で設立した広島原爆被爆者援護事業団が行っている。

＊2　一般養護：被爆者健康手帳を持ちながら、身体上、精神上、環境上の理由で自宅での養護が困難で入院治療を必要としない人を指す。

＊3　特別養護：被爆者健康手帳を持つ人のうち入院治療を必要とせず、心身や精神に障害があり常時介護が必要な人、または母親の胎内で被爆した原子爆弾小頭症患者を指している。

第三章　話し始めた被爆者

それまでの生活を原爆で理不尽にも阻まれた被爆者は、それでもそこにとどまらず、今日まで前を向いてたくましく歩き続けてきた。ここに紹介する、私が無作為に選んだ二〇組の被爆者の語りには、私の個人的な判断や評価が加わっている。しかも、そこでの被爆者による発言は被爆者全体を代表するものではない。

その点について読者に念押ししようとした時、「これを読む者には、自分が人生を語り、医療への思いを家族や医療者と話し合う場面を想像させよ。そしてそれを通して被爆者の内面へのアプローチを試みよ」という、最後まで自分らしく生きる可能性と意義を明らかにするための指示が扉の向こうから聞こえ、大きな音を立てて扉は動き始めた。そこで見えてきた図13には、二〇組の被爆者のうちから選ばれた直接被爆者の人たちの被爆地点が、当時の地図上に表示されていた。

（事例1）世の中の人に知ってもらいたい（被爆時年齢十七歳、女性）

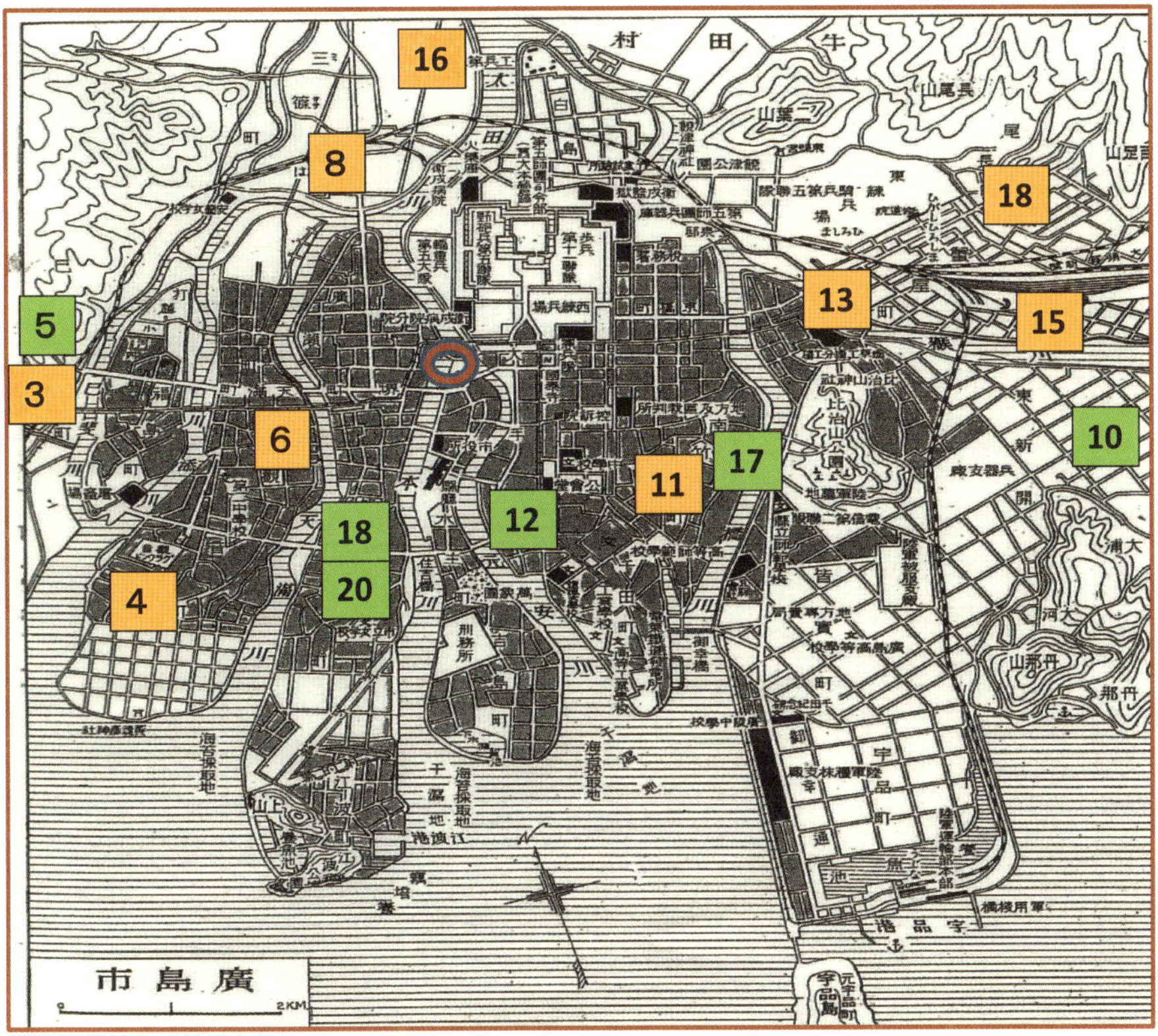

図13　直接被爆者の被爆地点
赤丸は爆心地。事例番号の緑の背景は男性、黄色は女性を示す

被爆者は行政的には（1）直接被爆者、（2）入市被爆者、（3）被爆者の介護にあたった者、（4）胎児被爆者、に区分される。

この女性は（3）被爆者の介護にあたった者として被爆者手帳を取得した。何でも一人でやってきたと語る彼女は、人生に与えた原爆の影響を運命で仕方がないことと言った。支えだった夫を失った彼女にとって、残された余生という時間に対する考え方が、これからの生き方を決めるはずだ。その内容を共有することで彼女への支援の輪が広がることだろう。
夾竹桃《きょうちくとう》の青い葉が伸びてきた三週間前、彼女はこの施設に入居した。要支援2[*1]で長谷川式認知症スケール[*2]は三〇点満点の二八点だった。歩行器を押しながら医務室にやってきた彼女は、椅子を手繰り寄せて滑るように座り込むと、私の眼を見た。「はじめまして」と交わす挨拶もかわいらしい八十九歳である。ピンク色のセーターにチョッキを重ね、灰色のズボンをはいている。介護指導員のOさんが彼女の気分を和らげるために、そばに座ってくれている。

「今日はよく来てくれたね、ありがとう」と私は切り出した。「病気のことを話す前に、まずはあなたの話せる範囲で、これまでの人生について聴かせてほしい。それによって私たちはあなたという人を理解していきたいと思っているのです」。私はこの対話の目的を彼女の眼を見ながら、できるだけゆっくり伝えた。医務室に呼ばれて何を聞かれるのかと不安に思っていたはずの彼女は、うなずきながら大きく息を吐いて、少し安堵した表情を見せた。

彼女は八人兄弟の七番目として生まれた。母は彼女が九歳の時に、また父は十歳の時にそれぞれ病死したので、兄や姉が彼女の両親代わりだった。太平洋戦争開戦から数年が過ぎ、各地の空襲被害を噂に聞く日が続き、世の中は閉塞感で満ちていた。そんな状況下、彼女は一九四五年八月六日を廣島湾に浮かぶ島（爆心地から約二〇キロメートル）で事務員として迎えたのだ。十七歳だった。当然のことながら原爆という単語さえ知らなかった彼女は、部屋のガラスが数枚割れたのを見て、廣島で大きなガス爆発が起こったに違いないと、とっさに考えたと言う。しかしその後、大やけどを負った被爆者

図14　夾竹桃は梅雨の時期に花をつけ始める

が廣島市内から船で多数送られてきたのを見て、これはただごとではない事態が起こったと思うようになった。送られてくる被爆者の傷口にはすでにウジが湧き、人としての尊厳を失った多くの人が、介護にあたる彼女たちの目の前で成す術なく亡くなったのだ。今に続く抑えきれない感情は、「かわいそうで気の毒でした。本当にころころ逝っちゃって……」と修飾のない言葉を彼女に吐かせるのだ。過ぎ去ることのないあの日の体験だった。

戦後を迎え、彼女は十九歳で結婚した。ミシンが使えたので、ベッドカバーを縫うことで苦しい家計の足しにする生活を続けた。三十歳頃に被爆者健康手帳（いわゆる原爆手帳）による国の健康管理システムができたと思うのだが、あれだけ多数の人々の介護をしたにもかかわらず、直接被爆した人たちに比べて、原爆手帳はなかなかもらえなかった。

そしてその反面、やっと手に入れた原爆手帳の使い道は直ぐにやってきた。五十五歳を越えた彼女は、がんになって手術を受けたのである。排尿間隔が短くなり、たびたびトイレ通いをするようになったのはそれからだ。術後の後遺症であるこのトイレ通いの頻回さは、今も同室者から苦情として指摘され、施設に入居以来の彼女の悩みの一つになっている。一般的に定年前後から障害を持ったり、彼女のようにがんや糖尿病などの生活習慣病を発症して治療を始める人が増える。それが完治を望めない障害や疾病であれば、それらを抱えながらも生活の質（ＱＯＬ）の保たれた生活を継続することが目標にならざるを得ない。老いの入り口は、障害や疾病との共存・共生からなのだ。

彼女の語る話が自然と悩みに言及する流れになったので、少し気分を変えようと考えた私は、「人生の重大な問題や課題に直面したとき、あなたを支えたものは何ですか」と尋ねてみた。彼女は「夫がいたこと」と告げて言葉を切った。子供ができなかった分、鬼籍《きせき》に入った夫の存在は大きかったようだ。その証拠に、人生の全般的な満足度を「一〇〇点満点の七〇点」と答えた一方で、「七〇点とは言え、夫が優しかったから満足な人生になるでしょうね」と付け加えることを忘れなかった。「その点数に原爆の影響は加わっているの」と重ねた私の質問には、「運命で仕方がないこと。だからそれほど今は影響はないの」と〝今は〟をつけて、原爆には案外素っ気なかった。

そうこうするうちに、話は将来の医療に及んだ。医療の選択は、意識がはっきりしていれば彼女が医療者に直接指示することもあるだろう。しかし意識がはっきりしていたとしても苦しくて話ができない場合もあるだろうし、場合によっては意識がはっきりしていない時もあるに違いない。これまでは「何でも自分一人でやってきた」彼女だった。しかし、もしもの時に彼女の気持ちや考え方を理解して、代わってそれを伝えてくれる代理人の選定は必須と考えた彼女は、甥にその役を依頼した。

「今後、治ることがない病気になったとしたら、どこで治療を受けたいですか。最期はどこで迎えたいですか」

「病院ではなくて、ここのような施設でいい」

医療行為ができないこの施設では、原則として看取りができないことを聞いて知った上での彼女の回答だった。

「いつまで生きたいですか。目標を教えて下さい」

「そりゃ、寿命じゃけ（寿命だから）、目標はないね。やねこいばかりで（しんどいばかりで）、今でもいいと思っているわ」

「これだけはしてほしくないという医療がありますか」

「延命治療はいや。倒れたらそのまま逝かしてもらいたいね。ただ生かされとるだけ（生かされているだけ）の状態になっても、それを続けようとするのが延命治療よ」

難しい言い回しに苦笑いをした彼女は、延命治療の定義にこだわった。医学的には医師でさえ〝どういう医療が延命治療になるのか〟を事前に予想することは難しいこともある。急性期の病態のつりで始めた一時的な治療にもかかわらず、患者の回復が思いのほか芳しくなくて、延命するための医療処置のような状況に追い込まれることだってあるのだ。その延命治療を拒否する発言に対して、「どういう医療があなたには延命治療になるのか」と聞くことができれば、その人が受けたくないとした具体的な医療の姿が見えてくるはずだったが、彼女は自分で定義まで述べたのだった。「どうして延命治療はいやなのか」その理由を尋ね返すことができれば、彼女が大切にしたかった事柄が顔を出したかもしれない。その人にとって大切にしておきたいことは何なのかという、物事の判断の基準となる価値観を把握することが、この面談の当面の目標の一つだったのだから。

「もう少し付き合って」と私は声をかけて、さらに細かい機微に触れる意向や意思を把握することにした。脳卒中を仮定した設定のシナリオを聞かせた上で質問を続けたのだ。

「飲み込みができなくなった場合、栄養補給のルートとして、お腹に穴をあけて、そこから胃に直接食事を入れる胃瘻《いろう》という医療があるのですが、必要になった場合には受けられますか」

「やらんよ、そんなこと。そのまま逝かせて」

そんな治療があるのかといった顔で即答する彼女。

「肺炎などで呼吸ができなくなったとしたら、気管に管を入れて人工呼吸器という機械で呼吸を行わせることがありますが、それは受けられますか」

「受けけんよ。そのままで十分」

彼女は真顔で短く答えた。治ることを目指しながらも、病態が一線を越えた時には、人に迷惑をかけないように、苦痛だけは取ってもらって自然に近い形で過ごすことを、彼女は願った。

人生の流れを聴き、受けたい医療、受けたくない医療の判断に役立つような彼女の価値観を共有するためのこの医務室での対話は、彼女にとってはじめての体験だった。彼女は「よかった」とこの企画を評価した。そして語り合った内容の内外への公表についても、「ええどうぞ。私の人生を世の中の人に知ってもらいたいしね」と積極的に承諾したのだった。窓の外では白い夾竹桃《きょうちくとう》の花が、まるで彼女がうなずいた時のように風に揺れていた。

（まとめ：老いの道筋と時間の流れ具合）

頻回のトイレ通いや歩行器で歩く様子から、介護を要しない人を入居対象とするこの施設で彼女が生活するのには限界があるのではないか、と朝の職員会議で話題となった。この施設に入園する前からすでにその危惧はあったようだが、一旦入園してもらって、必要なら、より人手の確保された特別養護老人ホームなど他の施設に移ってもらおうという事前の判断があったと聞いた。年齢を重ねると、以前はできていたことも徐々にできなくなり、それに並行して本人の不安は大きくなり、自信を失う日常に変化しやすい。障害や疾病を持つ老年者は、自分では今後の成り行きが見通せず、漠然とした将来への手詰まり感を抱えるはずだ。そして時として思わぬ合併症（たとえば脳血管障害や骨折など）が生活の継続を困難にする。人生を揺さぶるターニングポイントだ。老年者では想定外のことが起こり得るものだ。こうしていつかは他人の手を借りてその世話を受けざるを得ないことになる、これが厳然とした老いの道筋だ。

二〇一五年版高齢社会白書[17]によると老年者の日常生活の不安について、健康や病気のことを取り上げた人が最も多く（58・9％）、寝たきりや身体が不自由になり介護が必要となる状態になることを選んだ人（42・6％）がこれに次いだ。老いの進展に備えようとする老年者は、人に迷惑をかけないように健康に心を砕き、病気を予防するために自分自身を律して生活している。私の両親だってそのために何種類ものサプリメントを服用していたものだ。

「九十五歳まで生きるように、頑張ってみたら」と水を向けた私に、「そりゃ大変だ」と六年先の目標を大仰に引きずり下ろした彼女だった。彼女に残された時間の流れ具合と、それに対する彼女の思いを理解することが、彼女に寄り添う際の主な要点の一つだ。それができれば、人生の終着点をはじめそこに至る行程など、彼女の生き方に近づくことができる気がする。そんなことを考えながら、もしもの時に希望する医療対応を探り、カラオケや野球観戦を趣味とする彼女に見合った終《つい》の住処《すみか》に思いを馳せるなど、今後の安心を積み上げていく作業が、彼女の心づもりを共有した職員の間で継続されている。

＊1　要支援：介護サービスを受ける際に、その状態がどの程度かを示す認定区分。二段階に分かれる。
＊2　長谷川式認知症スケール：限られた時間と限られたスペースで、認知機能の低下を診断するためのもので、三〇点満点で、二〇点以下だった場合、認知症の可能性が高いと言われる。

（事例2）とにかく老衰のように、そのまま自然に（被爆時年齢十七歳、女性）

この女性は（3）被爆者の介護にあたった者として被爆者手帳を取得した。原爆で大やけどをした弟は、皮膚のやけどの痕と変形のために、膝の痛みを手術で治すことができない。だから今では外出に見守りが必要となった彼女には、以前なら弟がやってくれていたであろう付き添い役を、弟の嫁が代ってしてくれるようになったのだった。

母は彼女が六歳の時に、父は彼女が十七歳の時に、彼女を含む八人の子供たちを残してともに病死した。事例1と同じような両親の死からは、当時の医療環境の貧困さが透けて見える。そんなことで、親代わりは自然と年長の姉や兄が勤めてくれることになった。特に姉は二十三歳まで結婚せずに面倒をみてくれたし、その後もよく世話をしてくれたものだった。だから両親がいないという心の負担は、彼女には少なかった。

十七歳の夏、彼女は赤痢に罹り、矢野町（現在の広島市安芸区）にあった病院に入院した。安静を命じられていた彼女は、入院からその日まで、ほとんど歩くことがなかった。窓から差し込んだ強烈な光の後に、彼女は空に上がるキノコ雲を見た（爆心地から約九キロメートル）。それが八月六日だった。だから、病棟を歩く際の妙に足の裏がほこほこする感覚を、原爆の日の出来事として、彼女はよく覚えている。

その日を境に、近くの小学校にはたくさんの被爆者が収容された。近隣の住民には介護者としての招集がかかり、病後の彼女も被爆者の介護にあたったのだった。小学校の講堂には、ひどいやけどを負った被爆者が寝かされており、弟もその一人だった。毎日ガーゼを取り換える時の弟の苦痛と泣き声は、耳目を塞ぎたいほどのものだったから、ガーゼが少しでも皮膚からはがれ易くなるようにと、傷を覆うガーゼをお茶で濡らし、傷が早く癒えるのを祈ったものだった。すでに記憶もあいまいになっているが、「その後、弟の治療の場は小学校の講堂から自宅に移り、治療は翌春まで続いたと思う」

と彼女は証言した。

終戦後、彼女は結婚し、洋裁学校に通い始めた。そこで得た洋裁の技能が、趣味のレベルを越えて経済的自立の一翼を担ったのは幸運だった。こうして生活の安定を得た彼女は、主婦として夫を支えたのだった。

この施設に入園して五年が過ぎた彼女は、今年八十八歳になった。K看護師に誘われて医務室にやってきた彼女は、セーターにズボン姿で、歩行器を押していた。彼女との面談が、私のこの施設への就職から一年以上経ったこの日になったのは、私が訪問する曜日が彼女にとってはかかりつけ医の受診日に当たるという、擦れ違いのスケジュールが続いていたからである。私は彼女の価値観に触れるために、「あなたにとって、大切にしたい希望や思いを教えてほしい」と依頼した。彼女はこれまでに大切にしてきた生活上の思いとして、広島県地域保健対策協議会[10]のアドバンス・ケア・プランニング（ACP）の手引きに挟み込まれた質問用紙〝私の心づもり〟（図9：第四章（2）ならびに付録参照）のステップ1に記載された一九項目から一一項目を選び出し、人生の語りの骨格とした。次の1から11がそれである。

1　楽しみや喜びにつながることがあること　身に付けた洋裁の技能は彼女を心身両面から支える役割を果たしてきた。人生を振り返った彼女は、結婚後の生活は「洋裁をしながらの楽しい生活」だったと告白している。

2　身の回りのことが自分でできること　腰は痛くないのに自然と猫背になり、今では手押しの歩行器を押して歩く彼女は、それでも日常生活に関する全てのことを、人の手を借りることなく自分でするつもりだ。身体を動かすことに限らず、目の前の事象を理解して、必要なら自ら判断する社会的な〝自律〟も目指しているのだ。たとえ認知症や脳の障害などで自分では判断できなくなったとしても、「施設でよいので、食事やトイレなど最低限自分でできる生活が送りたい」と切望した彼女だった。

3　人の迷惑にならないこと　彼女は六十歳過ぎから約一〇年間、家政婦として勤めた経験を持つ。そして七十五歳になった頃、自分の将来を考えて被爆者ではなかった夫の許可を得た上で、被爆者しか入ることができないこの施設への入園手続きを済ませたのだった。結局、夫は八年前に亡くなったのだから、もし手続きをしていなかったら夫の死後は孤老として、人に迷惑をかけることになったかもしれない。その心配が五年前のこの施設への入園によって取り除かれたわけで、先を見越した夫の寛大さに彼女は感謝している。

4　自然に近い形で過ごすこと　人生の重大な問題や課題に直面した時、彼女は何でも一人で考え、そして決めてきた。その基準にしたのは、自分らしさを保つということであったし、自然な形で過ごすということだった。今のように手が震えるようになっても、幸い字はちゃんと書くことができる。たとえ障害があっても自分らしく生きることができれば、彼女はそれでよいのだ。

5　他人に弱った姿を見せないこと　彼女は自分の性格を、「くよくよしない。細かく几帳面。それでいてのんき」と表現した。夫の支援もあったとはいえ、洋裁で生計を助けたり、家政婦として働いていた時分は、この性格をうまく使って他人には弱った姿を見せないようにすることで、自分を鼓舞してきたものだった。

6　家族や友人と十分な時間を過ごせること　夫や洋裁の友達と過ごした時間が懐かしい。夫が亡くなり、子供のいない彼女には身元引受人としての甥が時に訪ねてくれるだけになった。

7　落ち着いた環境で過ごせること　これまでの人生で一番うれしく感じたこととして、彼女はこの施設で暮らせることをあげた。入園当初は、九十歳まではこの施設に世話になって、それからは弟が家を建てた場所の近くにある介護施設に移ろうと思っていた。しかしこの施設で五年の歳月を過ごすうちに、「できる限りここに居たい」と思うようになった。

8　人生を全うしたと感じること　彼女は自分の人生を振り返って「納得できる仕事を十分にした。いい人生だったと思う」と述べた。そして人生の満足度を一〇〇点満点で九〇点と評価し、特にこの施設に入ってからは生活上の不自由が無くなったこともあって、「一〇〇点以上になった」と感じている。悲惨な被爆者の介護にあたった経験は二度としたくないと思うものの、原爆を経験したのは仕方がないこととして、彼女の人生にとってそれが悪い影響を与えたとは感じていない。

9　臨んだ場所で過ごせること　治ることがない病気になったとしたら、ここのような施設で治療を受け、最期を迎えたいと考えている。病院の選択肢は彼女にはない。

10　医師を信頼できること　これまで人生を通した話を聴いてくれた医師はいなかった。しかしこの施設では治療を受けることができない分、彼女のことを十分理解し相談には積極的に乗ってくれる医師がいる。一方、話す立場の彼女にとっても、自分の人生を振り返って語ることは嫌ではなかった。こういう関係や取り組みの積み重ねが、医師・患者関係の信頼につながるのだと彼女は感じている。

11　病気や死を意識せずに過ごすこと　彼女は将来受けるかもしれない医療のうちで、「注射で命を延ばすような延命治療はしてもらいたくない。老衰で死なしてもらいたい」と希望した。「脳卒中などで嚥下《えんげ》ができなくなった時、あなたは胃瘻《いろう》を受けますか」と尋ねられた時も、「医者にまかせます。でも脳梗塞にはならんと思います。暴飲暴食はしませんから」と自分流の期待を込めた。そして、気管に管を入れて機械で呼吸を維持する人工呼吸については、「あんなのはしてもらいたくない。そうまでして生きたくないもの」と述べた。彼女は今後に起こり得ることを詳しく知りたいとは思っていない。与えられた今を、自分なりにしっかり生きるつもりなのだ。そしてもしもの時が訪れたら、「とにかく老衰のように、そのまま自然に逝ければそれでよい」のだ。

（まとめ：人生の目標とそれを達成するための思い）

質問用紙〝私の心づもり〟から選び出された彼女の大切にしてきた生活上の思いに、彼女の人生やそれに関連した発言を重ねあわせると、それぞれの希望や思いが彼女の中で人生を通して紡ぎ出されてきたものだと言うことが良く分かる。これこそ人生の語りを聴取することの意義なのだ。あの悲惨な被爆者に対する介護経験は二度としたくないと思うものの、それが彼女の人生の満足度へ悪影響を与えたことはないとして、今では人生の満足度を一〇〇点以上と答えた彼女だった。時間をかけて悲惨な体験に折り合いを付け、家族や医師の助けを受けながら彼女は自律し、人に迷惑を掛けることなく、自分らしく生活してきた。その行きつく先には、彼女にとって最後まで自分らしく生きることにつながるはずの「とにかく老衰で逝ければそれでいい」という個人的な思いが息づいている。

公表する機会がきたら、私との対話の内容を是非使わせてほしいと頼んだ時、彼女は率先して「どうぞ使って下さい」と答えた。その背景にある彼女の思いを私なりに推し量ると、「老衰で逝ければそれでいい」という気持ちを主治医に伝えるために、私を含む関係者がその気持ちを共有しておいてほしいと考えたに違いないし、それに加えて、〝表明された希望や思いへの原爆の影響を考えることで、被爆者の姿を内面から映し出したい〟と話した私の願いを受け入れて、被爆者の一人として彼女の人生を解析のために提供してくれたつもりだったのだと思う。そこには自分らしく生きてきたという彼女の自負を感じるとともに、最後まで彼女らしく生きるために、支援する私たちに対する期待も彼女から投げかけられていた気がする。

（事例3）パステルカラーが似合う場所（被爆時年齢十七歳、女性）

この女性は（1）直接被爆者として被爆者手帳を取得した。未婚で過ごした彼女は、今では原爆の影響はあまり感じていない風だ。認知症を患いながらも、「こういう人生は仕方がないと思うけど、満足はしている」と目の前の日々を大切に生きている。

八十八歳になる彼女は、数日前にこの施設に新たに入園した。押し車を押して医務室に来た彼女は少し緊張気味に、「まだ入ったばかりで、何かポーとしています」と、この施設での生活について語った。赤茶色のズボンと薄青色のセーターを身に着けた彼女は、とてもきれいな白髪だった。

挨拶がわりに「性格について話してみてくれますか」と促した私に、「あまりしゃんしゃんとは、していないですよ。人はあそこがどうの、ここがどうのと気にされますが、私にはそんな気にするところがないのです。腹を立てることもないし、一つのことにこだわらないですから」と自己紹介代わりに回りくどい言い方をした。事前にK看護師から聞き込んだ情報では、長谷川式認知度スケールで一三点だったという点と、咳と痰があるので口うるさい同室者からちょっとしたクレームが出ているという点が、彼女に関する不安材料だった。確かに認知症の薬の服用は確認されたが、近医からの紹介状は簡単なもので、咳や痰に関してはコメントすら記載されていなかった。被爆者も高齢化が進み、しかも特別養護老人ホームの収容人数が限られていることから、本来自立した被爆者が収容対象者となるべきこの施設においても、日常動作が考えたようにできる範囲にとどまっている状態でさえあれば、たとえ認知症があったとしても、特別養護老人ホームに空きができるまで一時的に収容して待つという運営上のやりくりは、最近では珍しいことではなくなってきたのは事例1で述べたとおりである。

彼女は三人兄姉の三番目として生を受け、五歳の時に父をチフスで亡くした。「それがなければ少しは人生が変わっていたでしょう。まじめな父だったと聞いています。母は長く生きてくれたけど……幾つで亡くなったか……覚えていないわ」。突き放した彼女は、これまで未婚で通してきたと言った。だから彼女の身元引受人は姉の子供である甥夫婦だったし、将来もし意識障害を起こす状況になったとしても、その時に代理として彼女の医療を選択する役目も、その甥夫婦になるはずだった。

私の質問は被爆時の彼女の行動に移った。彼女は十七歳の時、己斐町にあった被服廠[*1]の倉庫（爆心地から二・五キロメートル：現在の広島市西区）で働いていて被爆したのだった。窓からパッと光が差し込んだので、爆弾だと思ってすぐ逃げたらしい。黒い雨にも遭ったが、けがはなかった。「家族がバラバラになったので、横川町の川べりで長く過ごしたものです」。彼女は当時を思い出しながら語ったが、時間の流れの中で、記憶の骨組みを語るのがやっとに見えた。

ちょうどその時、医務室の扉が開き、中年の男女が入ってきた。甥夫婦が生活に必要な荷物を運んできたついでに、彼女の顔を見ようとやってきたのだった。私は目礼して椅子に座るように手で促した後、彼女に向き直って戦後の様子を尋ねることにした。「戦後は洋服を縫っていました。良くできた時にはうれしかったものです」。彼女は明るく答え、甥夫婦の顔が見えたことで緊張感が薄れて笑顔が出るようになった。人生の重大な問題や課題に直面したとき、彼女を支えたものは友達からの励ましだったと述べたのも、粗雑なふるまいのない彼女が、自然と周囲の人に支えられてきたことを示すものだと私は感じていた。

こうして八十八歳になった今、彼女は新たに生活の場をこの施設に変えて、与えられた日を元気に生き抜こうとしている。「ここまで長生きできたことが良かったと思います。この歳まで生きることができるとは思わなかったです」と語った彼女の人生を、喜びで彩る要点は若い身内の者がみんな独立して元気にしているという事実であり、悲しさで彩るのはかわいがってくれた母や姉がすでに亡くなったという事実だ。それらに思いを馳せながら、「生きられるだけは生きて長生きしたい。百歳までは無理だけど」と彼女は微笑んだ。高血圧、認知症という病名があって、時々咳が出て物忘れが進む。「こういう自分の人生は仕方がないと思うけど、満足はしているわ」と彼女は言葉に力を込めた。

そこで私は、「もう一度新しい人生が用意され、幼い時から生き直すことができたらどんな人生を送りますか」と尋ねてみた。彼女は思案顔でしばらく目を泳がせた後、「そうね、違う人生を生きることを希望するでしょうけど、とにかく、元気で病気をしないでということよ。これからは、特別なことがしたいわけではないし、恥ずかしながら今まで通り、起伏のない人生を生きていけたらなと思います」と答えた。私の質問に何とか答えようと言葉を重ねた自信のなさを、〝恥ずかしながら〟と表現した彼女には時代を感じる異質さが漂ったが、健康という彼女の求める安住の場には平穏が満ちて、そこにはパステルカラーが似合うような気がしたものだった。

亡くなった姉は、しばらく経管栄養だったらしい。「元気にはなったけど、いつまでも続くものじゃないわよね」と彼女なりの評価をした上で、自分の終末期には「迷惑をかけたくないから、なるべくなら、経管栄養はやらないで死にたいわ」と願った。「胃瘻はどうですか」と尋ねても、「お腹に穴をあけて、直接食事を入れるやつね。胃瘻をすれば長生きするかもしれないけれど、そうまでして長生きはしたくないもの」と身体に傷はつけたくないという姿勢を見せた。姉の療養生活が重なって、老いを胃瘻で維持する選択は彼女にはなかった。私は納得しながら、最後に人工呼吸器の使用についても説明を加え、その使用の可否を尋ねた。説明の途中から理解できないそぶりを見せ始た彼女は、私の言葉が切れたところで、「あまり好きでないけど、想像ができきん話ね」と好き嫌いで即答して、目を剝《む》いた。人工呼吸器を使う医療の詳細は理解できていない風だった。ただ、身体に加わる負担を直感的に感じて、心の動揺を言葉にした様子だった。

「先生との人生対話は初めての経験でした。いやではなかったたし、そのままの私のことを聞いてもらって、よかったですよ。自分で自分の人生を話したし、それをまたよく聞いてもらって、これがうれしかった」彼女は甥夫婦を一瞥《いちべつ》し、直ぐに向き直って素直な面談の感想を明るい声で述べた。人生の語りを聴く試みは、話し終わったことで彼女に一層の達成感に似た安心感を与えたようだった。その上、彼女の話を甥夫妻とともに聴くというタイミングにも恵まれたのは幸運だった。甥夫婦は状況を理解して、口をはさむことなく傾聴に努めてくれた。「あんなに話す叔母の姿は初めて見ました。叔母にもいろいろな考えや思いがあるのだと思いました。物忘れが進むにしても、今の本人の気持ちを聞くことができて、今後の私たちの判断の参考になりました」と語った甥夫婦にも、そして彼女自身にも、笑顔がこぼれた。

（まとめ：今後の医療への希望や思いを語ること）

障害が進み、病状が進展するにつれて、老年者は医療について自分の希望や考えを明らかにすることには疎くなり、また自らの発言によって医療者を困惑させる状況を作り出すことにも消極的になる。医療選択を求められた老年者が、その決定をしばしば家族や医師にまかせてきたのはそのためでもあるだろう。自分の意向の表明が家族に迷惑をかけるかもしれないという思いや、家族が自分に代わって最良の選択を考えてくれるに違いないという期待感が、その姿勢を後押ししたかもしれない。また要介護度が上がれば上がるほど、家族のお荷物になってきたという老年者自身の負い目意識も、自らの発言を控えようとする行動につながりやすいはずだ。

しかしその結果として、老年者の希望や思いとは対極にある意思決定や医療の選択が少なからず行われてきたのは、これまでの救急外来や急変の場で私たちが経験してきたことだ。今や老年者はうまく話そうと思わなくてよいから、誕生日や法事の時など機会を見て、あるいは日常のちょっとした会話の中で、今後の医療への希望や思いのエッセンスを語ることだ。短くてよいから繰り返して意思の表明をすることで、周囲はその人の思いを自然に受け取るはずだ。もちろん、前もって話したいことがあることを告げた上で、「最後まで自分らしく生きたいから、そのために聞いておいてほしい」と自分の気持ちを話してもいいだろう。話す相手は家族や代理意思決定者であり、そこに、医療や健康問題に関して、元気な時から一緒に意思決定を行う医師がいてくれればこれに越したことはない。ただ、忙しすぎて困難なこともあるだろう。医師とは違う立場から看護師や保健師、介護士、医療社会福祉士、ケアマネージャー、薬剤師など老年者の生活に密着したところで活動し、彼らの思いに接しやすい医療者が、その代役を引き受けてもいいはずだ。老年者の意思の表明によって、私が心配したような家族の感情的な反発があり得るとしても、前向きに自らの人生に向かい合おうとしている姿を示すことができれば、語られた言葉の力は老年者の思いを家族の心にしっかり届けてくれるに違いない。それによって家族も、老年者が最後まで自分らしく生きることの意義を考えることになるだろうし、それを話題に話し合うことができれば、自分たち家族の将来にも思いを致すことになる。話し合ってある程度まとまった内容は、できれば書面にも残したい。

彼女の思いは、〝病気をしないで元気に過ごすことができれば、パステルカラーが似合う場で自然に歳を重ねたい。ただし人の手を取って迷惑を掛けるような状況下で長生きするつもりはない〟というものだった。八十八歳まで生きたことを喜びながらも、これからは流れに合わせて自然体で生きる覚悟を見せたのだ。その生き方こそが、彼女にとっては最後まで彼女らしく生きる方策だったし、私たちが目指す支援の目標でもあった。

＊1　被服廠：旧日本陸軍部隊に支給する被服品の調達、分配、製造、貯蔵を担当した工場。

（事例4）家族の絆から離れつつ、一人で旅立つ日のために（被爆時年齢十四歳、女性）

この女性は（1）直接被爆者として被爆者手帳を取得した。原爆のために彼女は未婚で過ごさざるを得なかった。その一方で、原爆にもかかわらず大けがをせずに命が助かったことを、彼女はこれまでで一番自慢できることだと言う。それができたのは母のおかげだったが、彼女はすでにその母が亡くなった年齢を超えてしまった。もしもの時に備えて伝えるべきことを書いておかなければと思うばかりで、時間だけが過ぎている。

医務室の医師から、「あなたの人生を聴かせてほしい」と依頼が来たのは初めてのことだった。八十四歳になった彼女は、これからの余生を生きるのに、一度自分の人生を振り返ることは良い機会だと思った。かつて原爆のために、多くの被爆者とともに八月六日を限りとして、現世から旅立つ分かれ道にも立った彼女だが、運命は彼女に生き延びる使命を与えたのだった。しかし生かされた彼女を待っていた試練は、当初考えていたものよりもはるかに厳しかった。そしてあれから七一年、彼女は老いの後半を歩み、やっと平穏な環境の中でこれからの人生を自分のペースで考える時期を迎えたのだ。そう感じていた彼女にとって、人生を通した語りを聴いてくれて、その最終段階での医療についても希望や思いを話す機会が与えられたことには、むしろそのタイミングのよさに驚き、他の人の生き方の参考になるからこれを公表したいとの医師からの申し出には、「どうぞ、使ってやってください」と承諾しながらも、「役に立つかしら」と困惑するばかりだった。

彼女は兄と弟に挟まれた三人兄弟の長女として育った。戦争が始まるまでの楽しい毎日は、今でも時々思い出すことがある、本当に懐かしいあの頃だった。しかし息詰まるような軍靴の音は彼女の家庭にも入り込み、一九四五年二月から始まった硫黄島での戦いで兄が戦死してからは、気の重いやるせない雰囲気が漂うようになっていた。そして運命の八月六日、十四歳だった彼女は自宅のあった南観音町（爆心地から二・五キロメートル：現在の広島市西区）で、原爆の光を浴びたのだった。

ピカッと光ったのを見て、彼女は母と防空壕に飛び込んだ。家の瓦が飛び、柱が傾いたという。しばらくすると、市内中心部から間断なく、血まみれで全身やけどの人々が逃げて来て、その人たちの後を追うように容赦なく黒い雨が降り注いだのだった。ベットリとした感じの黒い雨に打たれたのを彼女は覚えている。翌日は父を捜して市内を歩き、運よく再会することができたが、街は水道も出ない、電気もつかない、何もない原始生活に変わっていた。防空壕に入れていた物で食をつなぎ、川で洗濯をする生活だった。しかもその後一年くらい彼女の体調はすぐれず、髪が抜け、皮膚にはできものが繰り返しできた。だから原爆に遭ったにもかかわらず、「大けがをせずに命が助かった」のは母の力が大きかったし、苦悩する彼女をいつも支え慰めてくれたのも母だったと、ありがたく思う。

しかし一方で、被爆による不安は彼女から結婚を考える余裕を奪った。独身を通したのも、生きることに精一杯だったのも、全てが原爆の仕業だった。戦後何年か経って、やっと水道が使えるようになり電気がつくようになった時、彼女は初めて荒んだ気持ちが奮いたつ思いを実感し、原爆の悪霊を払いのけて戦後の混乱からのそれなりの脱却を感じたものだった。

「原爆や核兵器はいやですね。戦後、被爆者健康手帳ができる前に、父は原爆のせいで寝たきりになって死亡しました」。父が寝ついた当時は、勤めに出ていた母に代わって彼女も介護にあたったらしい。「先は長くはないから、よく見てやりなさい」という医師の忠告にしたがって、できるだけ父の希望に沿うように心がけたから、「父には意識障害もあり、大変な介護生活だった」らしい。父が亡くなってからも、彼女は原爆を憎み続ける一方で、被爆者としての父の名前だけは彼が生きた証として残してやりたいと思ってきた。「何もしてやれなかったので、父の名前だけは残してやりたいと、国立広島原爆死没者追悼平和祈念館[*1]が出来た時、そこに名前を登録して掲示してもらいました」。被爆して五七年目のことだった。

将来のことに思いを馳せ、弟夫婦との長い同居生活を解消して、彼女がこの施設に入居したのは五年前のことだ。その後に弟が急に亡くなったのだから、人の世というものは分からないものだ。弟の妻である義理の妹にできるだけ負担をかけないためにも、彼女は体調に気を遣うようになった。「骨粗鬆症が進まないように運動しなさい」と医師から言われたことも影響しているのだが、施設の六階までの階段を数往復することを日課とするだけでなく、これまで行ってきた施設周囲の庭仕事や掃除も欠かさない。幸い、「あんたの足は鉄のようだ」と言われるほど足腰は丈夫で、日常生活で今のところ人の手を借りることはない。とは言え、どのようにやってくるか分からない〝老い〟の影を感じて、不安は尽きることが無い。寝たきりになって排泄の世話まで人にしてもらうようなことだけは避けたい、と彼女は願っている。私の両親がそうであったように、老いたる者は徐々に動きが乏しくなり、人生の最終段階では人の世話になることは当たり前のことかもしれないのだが、排泄の世話までしてもらうことのないようにという彼女の希望は、今は元気な私にも理解できるし、老いに立ち向かう土俵際の粘り腰のようだ。

彼女は私の質問に、これまでの人生の満足度を一〇〇点満点の七〇点と表現した。そこには原爆の影響があると言った。この施設に入り、弟を亡くして徐々に家族の絆から離れつつある彼女は、心の中に両親を思い浮かべながら、一人で旅立つ日のために義理の妹と〝もしもの時〟の対応を語り合った。彼女が求める医療には延命治療はなかった。その上で胃瘻が必要になった時などの具体的な医療については「そこまで考えたことはないわ。まずは食べられなくなったら、主治医との相談ね」と状況を的確に把握しているはずの医師の意見に期待し、「呼吸は楽にして欲しいけどペースメーカーは入れたくない……人工呼吸器は……」と判然としない部分もまだ多かったらしい。最期は一人なのだということは自覚しながら、具体的な人生の最終段階が見えてこない風だ。周りの動きにとらわれることなく孤高を保って、行く末を見極めようとする雰囲気の痩せた彼女からは、ある種の生きる自信を感じる一方で、将来の医療計画に対する現実感は、まだ見えなかった。

（まとめ：生きる安心感に支えられた人の道）

破壊と殺戮《さつりく》の中で生き延びた彼女は、持ち前の若さと父母の支えで、その当時の途方に暮れるほどの悪化した生活環境と不安を、自立の道に変えてきた。歳を重ね、身近な家族を徐々に失って、再び一人身に戻る道筋で、彼女は人の世話にならないようにできるだけ身体を動かし、将来の医療についても自分の思いを語った。医師の立場からみれば、胃瘻にしても、ペースメーカーにしても、それぞれの医療の医学的な役割と重要性を理解した上で、将来の自分への医療適応について考えてほしいところなのだが、一方で一回の対話で将来の医療対応に結論を得る必要もない。時間をかけて対話を繰り返す中で、それらの医療に関する情報を得てその役割や重要性を理解し、自分の医療として受け入れるかどうかについて考えてもらえれば、それでよいと思う。

生きるということは難しいものだと彼女は思う。若い時であれば生じた問題に対して新たな価値観を導入して対応することもあるだろうが、老年者にはそれだけの時間も適応力もない。とは言いながらこれでいいと言うわけにもいかず、真面目な彼女は二〇二〇年の東京オリンピックまでを当面の目標に、苦痛を取り除きながら、自分らしく自然な形で人に迷惑をかけないようにという自分の信念にしたがって、生きるつもりだ。それは独り身だから自由な発想として思い描かれた生き方なのだろうか。いや、そうではなさそうだ。長い間、弟夫婦との同居の中の絶妙な距離感が育んだ、彼女としての生きる上でのあり様が、取るべき人の道として彼女を制御している。周りを取り巻く医療者の存在と、希望を伝えた義理の妹とのつながりが、混沌とした将来に対する彼女の〝生きる安心感〟となっている。

＊1　国立広島原爆死没者追悼平和祈念館：国として、原子爆弾死没者の尊い犠牲を銘記し、追悼の意を表すとともに、永遠の平和を祈念するため、被爆地に設けられた施設（ホームページより）。

（事例5）自分に打ち勝つしかない（被爆時年齢二歳、男性）

この男性は（1）直接被爆者として被爆者手帳を取得した。被爆時、母に背負われていてけがをした彼には、心身ともに原爆の影響が大きく残っている。だからいじめに遭ったし公務員にもなれなかったけれども、努力の積み重ねで自分が思うように物事を進めることはできたと思うから、一〇〇点満点で評価すれば彼の人生の満足度は八五点となるのだ。これからも、より質の高い人生を目指すつもりだ。

最初に私が彼を面談に誘った時、彼はショートステイ制度を利用してこの施設に定期的に宿泊を繰り返す七十一歳だった。「カープが負けんように応援に行きますよ」と年間一六回にも及ぶ野球場通いを続ける熱心なプロ野球、広島カープのファンで、かつ「ピアノが思うようにひけるように」と自分のペースで練習を重ねながら、SNS（フェイスブックなどのネットサービス）を利用して交友を広め、カメラや映画の撮影旅行を重ねるなど、彼には趣味に連なる多くの活動と思いがあった。だから「入園申込みは済ませたものの、将来はここに住みたいかと聞かれれば、わからないと答えることになる。

当面はショートステイでつないでおきたい」と複雑な言い回しをして私を煙に巻いたものだった。

彼が被爆したのは二歳の時だった。己斐町の自宅（爆心地から二・五キロメートル：現在の広島市西区）で母親に背負われていた彼は、右足関節にガラス片が刺さり脱臼したのだ。しかし医療体制が壊れた終戦後の社会環境の中で、足の障害は放置せざるを得なかった。成長に伴って足を引きずる姿には、いじめが待っていた。やっと小学三年生の時に、右足関節の手術を受けることができたものの不成功。中学三年生の時の再手術で何とか脱臼は整復できたものの、結局、変形と歩行障害を残すことになった。成人して就職後もデスク仕事が主となったのは、その影響だった。「被爆していなければ、公務員になっただろうね」と語る彼は、仕方が無いことと思いながらも、人生の節目、節目で被爆の影響を感じてきた。だからオバマ米国大統領の広島訪問にしても、「複雑です。反対でもないが、賛成でもない」と笑顔はないのだ。

その一方で、内心では「自分が思い描いていた」生き様に近いこれまでの人生だったと感じているようで、「一〇〇点満点で評価するなら八五点くらい」と高得点が口から出るのだ。「自分の性格をみると、長所は温厚誠実、短所はやや短気なところ。B型人間だからマイペースよ」と言うものの、一番うれしかったことを問えば、「がんばって二年目で係長に昇格したこと」と答え、強いて言えば「支店長になれなかったことぐらい」が心残りと彼は微笑む。「自分に打ち勝つしかないね。自分との闘いですよ」。身体的なハンディを、仕事にノルマを課すことで乗り切ってきた。「より質の高い人生を求めるつもり」で、そのための情報を得るために「ずっと長い間、新聞の切り抜きを整理してきた。それは自己啓発になったし、よいと思った内容は会話の中で利用したものだ」と日々の努力も怠らなかった。「目標を持ちたいと思って、ニュース時事能力検定や漢字検定を受けて合格した」と資格を取ることにも挑戦しながら、前に向かっていたのである。

私との最初の面談から一年が過ぎた頃、彼はこの施設への入園の順番が巡って来たことを、役所からの通知で知った。このタイミングを逃すと、次に声がかかるのはまた五年先のことになると、決断を迫る内容だった。彼は悩んだ挙句、被爆者ではない妻を自宅に置いたままで、この施設に入ることに決めた。「原爆で悪くなった足の事もあるし、先を読んで入ったんよ。友達が、どうして自分の家があるのに入るのかと怒ったよ」と、照れくさそうに私に報告した彼からは、自宅に残したしっかり者の妻への信頼が見て取れた。いつでも自宅に外泊できると思いながらも、「入園してから生活のリズムが変わったね。結局、ここが本宅になった。この施設が終《つい》の住処《すみか》となるかも……」と彼は自分に語りかけるかのように続けたのだった。

自分の人生の最終段階を思いやるにつけ彼の口から出たのは、これまでで一番悲しかったという父の突然の死の記憶だった。眼のふちを赤くした彼は、「我が家の男性は七十五歳までに父、兄みんな死んだから……まずはそれぐらいを目指して」と、目の前の数年間を当面の生きる目標として掲げた。今後の医療を考えると、まずは治療を続けている肝臓病が気になるのだが、ＣＴ検査では「気になる陰影《かげ》がある」と言われたらしい。こればかりは主治医まかせだ。一方で誰でもなり得ると思う認知症に対しては、「たとえそうなっても、食事やトイレなど最低限自分でできる生活は送りたい」と、彼は希望を述べるばかりだったから、私はその発言を受けて改めて、「将来、嚥下ができなくなって

図15　将来のことを考えたくないと思う人も「これだけはしてほしくない」と自分では譲れない点や「もしこれが可能なら」と期待する点が、将来の医療設計にはあるに違いない。エンディングノートも含めて可能な手段で、その気になったらいつでも、自分の希望や思いを家族に、医療者に、伝えてほしい。

食事が摂れなくなったら、その時にはどうするの」と尋ね返した。彼は質問内容を予想していたかのように「胃瘻はしないし、手術なんかはしたくない。えっと（たびたび）、痛い目をしているから」と視線に力を込めた。もう決めた、という勢いを感じる言い方だった。栄養補給のルートに蓋をする彼の思いに私は、「でも本当に食べることができない状況下ではどうするかね」と最後のフレーズを、彼の身体に投げかけるようにゆっくり尋ね返した。すると彼は、「その時の状況によるね」と短くあいまいな答え。「肺炎で酸素不足になった時、気管に管を入れて機械で呼吸を維持する人工呼吸を受けるのか」と聞いた時も、「その場にならないとわからない。息が苦しくなったら、自分では希望はしないが、仕方がないかも」と苦しさは取ってほしいという彼の願いが、人工呼吸に対するはっきりしない要望とともに私の前で揺れた。人生の最終段階での医療については、もしもの時の実感が湧かなかったという風にも、二者択一では答えにくいという風にも聞こえた回答だった。「最期を迎えるのは病院かな。その時の状況はわからんけれど、ホスピス*1にはおそらく入らんじゃろ（入らないだろう）」。彼にはがんで命を取られそうな予感はなかったし、そう言えば、通う病院には緩和病棟がまだなかった。

彼は遺言の代わりと思ってエンディングノート*2を書き始めた。メディアの影響もあって、そうしたものがそばにあってもいいのではないかと思ったのだ。しかし、考える要素が多すぎて、現実的な自分の医療に対する希望や思いはまとまりきらないらしい。「なかなか書けんで、ずっと止まっとるのよ」と頭を掻くのだ。人生にはまだ先があり、これからも曲折があることを予想して苦笑いをした彼は、「こんな話をすることはいいことよ」と口をとがらせて一人でうなずいた。対話を繰り返すことは、将来の医療に限らず、これからの人生を歩む際の灯台代わりになるような気がしたのである。自立して医療選択を言い放つ強い老年者としてではなく、新しい生活環境の中で質の高い納得できる人生を送る老年者を目指すために、医務室を覗《のぞ》く新たな楽しみと話し相手を彼は見つけたのだった。

（まとめ：事前指示とその日英比較）

人が将来受けるかもしれない医療への希望や思いを医療者に伝える手段として、事前指示（図32）がある。たとえば「肺炎の時は、抗生物質を使用してください」とか「胃瘻はしないでください」などの将来受けるかもしれない医療行為に対する意向や、「私が意識を失った時には妻の指示に従って下さい」などの代理意思決定者の指名、「自分で判断できなくなった時には、痛みを取ることを除いて過剰な延命措置はしないでください」といったリビングウイルなど、事前指示はこれらを合わせた総称だ。

私たちは二〇一二年末に、英国スコットランドのパース市で、ボランティアの協力を得て現地の健常者を対象にこの事前指示に関するアンケート調査を行い、わが国の健常者と比較した。そこで見えてきたのは、わが国の健常者は、①事前指示の意義を机上ではある程度理解しているだろうということ、しかし、②人生の最終段階での医療の選択に対して事前指示を表明しようとする時、その時点での病状や医療環境、関係者との関係や医療内容など、置かれた状況を思い描く能力が英国の健常者よりも乏しいのではないか、ということだった。[18] これは患者から医師への指示である事前指示を、身近に経験することが少なかったこれまでのわが国の医療慣行や医療体制に原因の一つがある。

将来の病状に対して具体的に事前指示を告げようとする時、その場の状況など創造力を高めるためには多面的で十分な情報が必要だ。だから今後、彼が医療について思いを語り、納得のいく人生を求めて対話を続けようとする際には、適切な情報を十分に与えることが、私の大切な役目の一つであることを自覚しておかなければならない。その配慮が、最後まで彼が彼らしく生きることにつながるはずなのだ。

＊1　ホスピス：末期がんなど治療の手立てが無くなった患者を対象として緩和ケアを行う施設。
＊2　エンディングノート：もしもの時に備えて、伝えておきたいことをまとめて書いておくノート。

（事例6）苦しい時には泣く以外なかった（被爆時年齢八歳、女性）

この女性は（1）直接被爆者として被爆者手帳を取得した。音を失った彼女は、人生の満足度に原爆によるマイナス点は加わっていないと言う。それだけ両親に守られていたのだ。父は八十三歳、母は七十八歳でそれぞれ病気のために亡くなったのだが、当時、両親の死を受け入れるために、彼女はただ泣くしかなかった。一方で頼りにされていた両親は、後ろ髪を引かれる思いでそれぞれ旅立ったことだろう。

「初めての経験でした。私としても話したかったし、わかってほしかった。思いを話すことができて、少し楽になりました」と、彼女は医務室の面談での最後に笑顔を見せた。すでにこの施設から聴覚障害者専用施設への転園が決まっている彼女は、今年、七十九歳になった。七～八年前に夫が亡くなって一人になった彼女は、子供には心配を掛けたくないと思い、二年前に現在の施設に入園したのだった。両側の聴覚を失った彼女にとって、共同生活の困難さは当然予想できた。しかし、日常生活で必要な活動はほとんど一人でできたし、耳は聞こえなくても唇の動きから会話の内容をある程度理解できたこともあって、普通の人とほぼ同じように生活できると思っていたのだった。だから入園後もできるだけ周囲に迷惑を掛けないようにと、彼女は園内のルールを一生懸命守ったし、人間関係には優しさが大切だと認識して、他の人には人一倍優しく接してきたつもりだった。しかし、周囲の人の唇の動きから理解した会話の内容には、彼女を受け入れていない場面も少なくなかった。その上、難聴で制御不十分な発声は、時に周囲を驚かすほど大きな音量になることもあり、彼女が人に気遣いをすればするほど、反発を受けることも多くなったのである。

「読唇術などで何を言われたかを組み立てる作業は、その内容によってはしんどく、ストレスが大きかった」と振り返る彼女の瞳は遠くに固定し、眼裂はしわが寄って細かった。「二人の世界の中で、それはつらかったね」と紙に書いた思いを彼女の前に差し出した私に、「でも、このくらいの苦労は、親の苦労に比べれば大したことはないと思いますよ。天国から心配しながら私の行状を見ていることでしょう。だからストレスが溜まった時には、心静かに穏やかに生きていけるように、毎日、手を合わせて祈っています」と彼女は大きな息を吐いた。

彼女の耳の聞こえにくさは、幼児の頃にはすでに気付かれていたらしい。その分、「私は親に優しく育てられた」と両親への感謝を忘れない。彼女は八歳の時、天満小学校（爆心地から一・二キロメートル‥現在の広島市西区）で被爆した。家は崩れたが、彼女を含めて近親者でけがをした者はいなかった。「あまり覚えていない」と素っ気なく早口で語った彼女の被爆体験の陰には、それだけ両親や周囲の大きな支えがあったのか、それとも本当に印象に残っていなかったのか。私の割り込みをはね付ける様な響きがあったことだけは確かだが、それが彼女の悩みである不測の発声のためなのかどうか、私にはわからなかった。

戦後、成長とともに字幕で理解できる外国映画が好きになったのも、聴力障害があったせいかもしれない。彼女は三十一歳で親に言われるがままに見合い結婚をして、二人の子供を産んだ。子供を育てられるかどうか不安だったが、周囲の人たちがみんなで彼女を助けてくれたと言う。それでも、「わが子の泣き声すら十分には聞こえなかった」のは、毎日が苦労の連続であったことの裏返しだった。彼女にとって子供の存在は生きるための大きな支えだったが、あらゆる意味で苦しい時には「泣いて過ごす以外なかった」のだ。

二〇年前、彼女は完全に音を失った。紙に書かれた私からの質問内容を見て、「今までの自分の生き方は、流されるままの生き方でした」と彼女は語り、人生に対する満足度は「一〇〇点満点の六〇点」と答えた。うれしかったことが有るような、無いような、今も気遣いで精一杯の生活なのだと言う。そのためか、「いつまで生きたいか、目標を教えてください」と書いて示した私に、彼女はラクナ梗塞[*1]を持ち出して自分の考えを次のように述べた。「ラクナ梗塞になって一三年が経ちます。このくらいの月日が経つと梗塞は再発し、死ぬか寝たきりになると、当初、主治医から言われました。だから覚悟はしています。最後は病院で過ごすことになるのでしょうが、楽に痛みがなくて死ぬことができれば、それでよいと思うのです。つらいから、長生きはしたくありません。子供たちにも迷惑を掛けたくないもの」。ズボンにシャツとカーディガンを重ねた彼女は、杖なしで歩いてみせた。その姿からはラクナ梗塞の既往[*2]を言い当てることは困難だった。適切な治療が行われる限り、脳梗塞の再発に縛られすぎる必要はないと伝えはしたが、自分一人の思いの詰まった音のない環境空間の中で、どのくらい理解してくれたか、私にはつかみきれない彼女の心情だった。

「延命治療はしたくない。治らない病気ばかり持っているのですから。私が死んだら四十九日までは黙っておくように、嫁には頼んでいるの。私の兄弟も歳ですし、バタバタさせたくないもの」と彼女の話は、子供たちの医療選択に期待する人生の最終段階の医療に及んだ。「胃瘻をしてまで生きたいとは思わないの。八年前、夫が胃瘻をして二年ほど生きたけど、寝たきりで声も出ませんでした。今から思うと、胃瘻はやるべきではなかったわ。人工呼吸？……　機械で呼吸を維持する人工呼吸も、するつもりはありません。喘鳴はありますが、使っている吸入薬で十分」。彼女は自分の希望を淡々と述べた。

自分では「おとなしい方のおしゃべりかな」と言った彼女に、「もう一度、新しい人生があったとしたらどんな人生を送りますか」と私は質問用紙に書いた。顔を上げた彼女は「楽しみたい」と微笑み、続けて、「一人旅が大好きですから」と付け加えた。かつて上京した時の思い出話は、彼女との面談の中で一番生き生きとしたものだった。

「こんな話を聴いてもらえる取り組みは、早くやってほしかった」。転園を前に、名残惜しそうに彼女は私の顔を見た。これから聴覚障害者の施設で、ゆっくり安心して老後を送りたいと思っている彼女は、それでも「専門施設に移るのは、楽しみではあるが不安でもある」と複雑な心境をのぞかせた。私は「今日の話をまとめた書類は、転園する聴覚障害者施設にも送りたいし、将来、私が被爆者の人生を題材に老年者の医療の在り方を考える本を書く時には、あなたの話を使わせてほしい」と紙に書いて、彼女とのそれまでの対話内容とそれへの承諾書とともに手渡した。私の要望をボールペンの字から確認した彼女は、微笑みながら承諾書にきれいな字で署名し、「よろしくお願いします」と言って満足そうにそれを私に返した。立ち上がった彼女の笑顔は、晴れ晴れとしたものだった。

（まとめ：判断材料としての生活の質の向上）

彼女の人生には原爆以上に難聴に伴う障害が大きく立ちはだかった。若い時分は聞こえないこと自体による問題が大きかったが、今の施設に入ってからは難聴に伴う精神的な苦痛の大きさが問題だった。難聴の悩みは彼女に親の支援を思い出させ、両親への感謝の気持ちは彼女からしばしば語られた。一方で、障害や疾病に伴ういろいろな体験と彼女を取り巻いた人々との交流は、自分の中にこもりがちな彼女に新たな世界を見せることで、人生の幅を広げる効果を果たしてきた。だから泣く以外なかった経験もあった反面、周囲への気遣いに長けた人柄も作り上げて、被爆距離の割には原爆の影響さえ感じさせない彼女の人生模様を、私たちに供覧してくれたのだと思う。

〝老い〟をラクナ梗塞に感じてきた彼女は、人に助けられながらの人生を歩いた。だから人生の最終段階だけは、周囲に迷惑を掛けることなく過ごすことを願い、楽であればそれで満足する最期を迎えたいと念じた。それは、彼女がただ一度だけ介護する側に立った夫の療養生活の経験から、胃瘻が夫の生活の質（ＱＯＬ）の向上にはつながらなかったことを確認したことで、彼女の信念となった。日本老年医学会の高齢者ケアの意思決定プロセスに関するガイドライン(19)では、胃瘻の造設が適応であると考えられる場合であっても、本人の人生にとってそれが最善かどうかを個別に確認することが勧められている。彼女は人生の最終段階で受ける医療に、夫の介護経験を反映させるつもりなのだ。

八十歳を前にしてこの施設での共同生活に苦しんだ彼女は、自分の意思で聴覚障害者専用施設への転園を選んだ。生活の場を変えるというその決断は、これまでの生き方に限界を感じたということだろう。施設を変えることで自分のこれまでの価値観を守ろうとしたのか、あるいは単に楽に生きたいと思っただけのことなのか。どちらにしても彼女には自分の生き方をゆっくり見返す時間が、転園後に与えられるはずだ。そこでたどり着く思いが、最後まで自分らしく生きるための原動力となるように、「まだ老け込む歳ではない」と言う私の声を励みに聞いて、新しい環境でさらなる挑戦を続けてほしいと思う。

＊1　ラクナ梗塞は脳梗塞の約四〇パーセントを占める。基本的には細い血管が詰まって生じることから、意識障害や生命の危険は乏しいことが多いという。

＊2　かってその病気に罹ったこと、あるいはその様。

（事例7）ドナドナの眼（被爆時年齢十七歳、女性）

この女性は（2）入市被爆者として被爆者手帳を取得した。あの八月七日、消息の分からない父の姉を捜すために、廣島駅から江波町まで市内を横断する原子野を、彼女は歩いたのだった。その後の看護師になりたいという希望は時代が許さなかった。今や夫にも子供にも先立たれ、彼女は自分の性格を暗いと表現せざるを得なかった。その一方で、心を割って話すことがないと感じる今こそが、実は自分で物事を決めることができる一番幸せな時なのかもしれないと思っていた。

朝の会議で生活指導員のKさんから、入園中の八十七歳になる彼女について、「特別養護老人ホーム○△園への移動が決まりました」という発言があった。入居して七年目の、介護度が上がったことによる養護変更に伴う転園だった。その場にいた職員からは一瞬の静寂の後に、「ふーっ」という仕方なさとも納得とも言えない、複雑な吐息が漏れた。この施設での勤務を始めて間なしの私にとっては、入園者の初めての他施設への移動だった上に、彼女とは人生観や価値観を探る対話を一カ月前にしたばかりだったから、余計身近に感じた報告だった。

あの時、「カタカナで書くあなたの名前は何か理由があったのかしら」と聞いた私に、「百四歳で死んだ母がつけた名前なの」と照れくさそうに教えてくれた彼女だった。そして自分の生い立ちを「貧乏人のお嬢さん」と称した言い方が、妙に耳の底に残ったし、その後で「私の人生はいい人生じゃなかったわ」と言葉に詰まりながら語ったのも印象的だった。

原爆が落ちた翌日、叔母を探しに廣島市内に入った彼女は、知らなかったこととは言え、思いもかけず被爆することになった。十七歳だった。しかし幸いにも体調を崩すことはなく、それから二年後には、今から振り返っても一番うれしい出来事だったと思う自分の結婚式を迎えたのだった。新婚生活は希望に満ちたものだった。ただ、初めて住む土地にあった嫁ぎ先では姑《しゅうとめ》に気を遣い、しかも将来を託した夫を一〇年後には病気で失うという、彼女の前には厳しい人生行路が待っていた。夫が亡くなってからは一人息子が彼女の生きる支えになったのだが、その一人息子も彼女を残して定年を迎えることなく他界してしまい、彼女は孤独感にさいなまれることになったのだった。

「一人でいても仕方がないし、今さら故郷《ふるさと》には帰れない」。それがこの施設に入ろうと決めた理由でもあったらしい。彼女は現在の生活を「集団生活なので心を割って話すことがないし、生活リズムを人に合わせるのも大変だけど、でも……そうは言いながら今が一番幸せなのかもしれないね」と話していたし、「これからの人生をさらに楽しむことができれば……という気持ち」と自分で判断できる今後の生活への期待を語っていたから、身近な家族を失った不安の中で、やっとつかんだ安堵感を受け入れつつあるように、私は理解したものだった。

その一方で、彼女は忍び寄る老化の波を自覚していた。「今じゃ、何をするのも、とろく（のろく）なって…」と彼女は訴えた。若い時には一晩で和服一着半を縫った手早さだったと自慢する和裁の腕は、歳をとるにつれて過去の思い出となって彼女の心に刻まれた。手押し車を押して歩く彼女は、「すぐ転ぶと言っては、周りの人が笑うの」と嘲笑気味に語った。数年前に転倒して膝が悪くなり、それから転ぶことが多くなったらしい。動作が緩慢になった分、トイレ通いに時間がかかるようになり、日常生活の中でも介護の手を煩わすことが多くなった。それに加えて、周囲は彼女の物忘れの進行にも気が付いていていた。

こうした介護度の悪化や物忘れの進展は、この施設での日常生活に黄色信号を灯し、今回、介護職が多く配置された特別養護老人ホームへの転園が決まったのだった。この決定の影響が気になった私は、時間をみて食堂にいるはずの彼女を探して、階段を上がった。入口に近いテーブルに気の合う同室者と座った彼女は、ちょうど昼食を終えて雑談を始めたところだった。腰を折って彼女の後ろから顔を出した私は、「○△園に行くことが決まったみたいだね」と彼女の横顔に密かに声をかけた。彼女は顔を少しずらして斜めに私を見上げた。固まった笑顔の中で、上下の赤紫のしわに囲まれた寂しそうな瞳は私を直視して動かなかった。〝ここにいたいけれど、仕方がない〟と決定を受け入れて、その事実を確認した振る舞いだった。ジョーン・バエズが歌った〝ドナドナ（Donna Donna）〟の歌詞に出てくる市場に引かれて行く子牛の眼は、こんな眼だったに違いないと思わせる、そんな眼だった。「九十歳までには死にたいの。みんなに迷惑を掛けるから。でも昔の元気な時にも戻りたいわーぁ。私、ぼけているかしら」*1それだけ言って、彼女は言葉を切った。今の心境を絞り出した一言だった。短い付き合いだったが、心の動揺も透けて見えて、その上で心を割って話した私に別れを告げるつもりだったはずだ。隣に座った同室者が、「ぼけてなんかいないわよ」と彼女からの問いを引き取った。

終《つい》の住処《すみか》を求めて、八〇年を超える人生にさらに新たなページを加える心構えを、彼女はすでに固めていた。そこに至る道には葛藤があったはずなのだが、それは最終的には諦めを彼女の心に生んだのか、それとも転園を受け入れようとする新たな気力が加わったのか。たとえ諦めが生じたとしても、転園に備えて気力も加わったはずだと信じたかった私だったが、彼女の強張《こわば》った笑顔の前にはただうなずくことしかできず、投げかける言葉は見つからなかった。

被爆者の高齢化は身体的なハンディの増加とともに認知症の増加をもたらしている。施設に入居している老年者では、日常生活に与えるこれらの影響が、しばしば施設を移る要因となる。しかしたとえ認知症が合併していたとしても、言葉でのコミュニケーションが可能なら、概念を用いた思考はある程度可能で、特に自分の身に直接加えられる胃瘻などの医療行為については、時間的経過でその人が選ぶ選択肢が変わることはほとんどないという。(20)だからもしもの時における受けたい医療や受けたくない医療については、できるだけ早く聞いておくことが推奨されており、そこで得た情報は認知症の有無にかかわらず、必要な時には施設間を越えて伝えられなくてはならない。彼女は養護変更による転園を受け入れることで、周りに迷惑を掛けない道を選んだ。無理に長生きするためだけの治療は嫌だと言っていた彼女だ。息ができなくても機械で息をするようなことはしたくないと言っていたし、その理由を聞いた私に「そうなったら、生きていても仕方がないから」と答えたものだった。彼女の希望や思いが施設間で共有されることで、「いい人生じゃなかった」と言う後悔に似た気持ちを慰め、「これからの人生をさらに楽しむことができれば……」と言う彼女らしく生きる道につなぐことができるならば、それこそが私にできる彼女への心からのプレゼントだった。

(まとめ：現実的な選択の背景)

養護変更を受けて彼女が特別養護老人ホームに移った後、職員間で彼女のことが話題になった。「歳をとり老化が進むということは本人にとって寂しいものなのだろうが、それを乗り越える力はどこから出るのだろう」という、若い職員から出た疑問がきっかけだった。これに年配の女性職員が答えた。「あの苦しい戦後を生きた人だから、自分の現状はしっかり理解しておられたのではないかしら。この施設での生活は彼女にとって問題がないわけではなかった。だから人に迷惑を掛けないことを優先したい彼女からすれば、身体の衰えは老化に伴う変化として甘んじて受け入れた上で、まだその身体が動く今であれば、介護職員も多い特別養護老人ホームでの生活なら十分にやっていけるという判断があったのだろう。彼女は置かれた立場を踏まえて、現実的な決心をしたのよ。強い人だと思うわ。それが寂しいかどうかは本人に聞いてみないとわからないわ、個々で異なるかもよ」。老年者とか、被爆者とか、特定の集団を表す単語には、それを用いた人の尺度にしたがって、個人の心身のあり様までその集団の色と同一視して最初からその色の枠にはめてしまう傾向がある。この議論を経てその点に気づいた職員の間では、面談で聴取した内容についてどう解釈すべきか、語り手の意図について意見を出し合う機運が広がっている。

＊1　「ぼける」という表現は差別言葉になるが、ここでは被爆者の気持ちを最も的確に表現する会話表現として、あえてそのまま用いた。

（事例8）自然に逝くはずよ（被爆時年齢十八歳、女性）

この女性は（1）直接被爆者として被爆者手帳を取得した。被爆直後、一瞬意識を失ったが外傷はなく、原爆症にも罹らなかった。しかし被爆後の身体は変にだるかったし、「よう生きたことよ」と独身を通した彼女は思う。人生の満足度を一〇〇点満点の一〇〇点と評価した彼女は、「それでも原爆は私の人生に影響している」と告げたのだった。

「この歳になると、一三人も兄弟がいたおかげで、私が何番目だったかがわからなくなるの」と九十歳になる彼女は思案した。そして「一三人兄弟の真ん中くらいよ」と言ってその場をしのいだのだった。

彼女は十八歳で宇品陸軍糧抹支廠[*1]に勤め始めた。あの日も出勤しようと、横川駅（爆心地から一・五キロメートル：現在の広島市西区）で汽車から降りたところだった。原爆の爆風で一瞬意識がなくなったと言う。気が付いてからは、川沿いの道を相生橋（爆心地にかかる橋：図31）まで歩いた記憶がある。けがはなかったが、被爆後は原因不明のだるさが続いた。心配した母の勧めで、体力が回復するまで数キロメートルに及ぶ長い山越え道を病院に歩いて通ったらしい。「原爆でひどいけがをした人や、死んだ人をたくさん見てきたけれど、その様子を上手にようしゃべらん（話すことができない）のよ。……そんな人はみんな……水をほしがったものよ」下を向いた彼女はぽつぽつと思い出を話した。かわいそうな被爆者の姿には当てはまる言葉がない、彼女はそんな風に言っているように見えた。

その一方で、同じきのこ雲の下にいたにもかかわらず生き残った彼女には、大きな人生の転換が待っていた。「健康が一番よ、原爆に遭って私は強くなったの。一人で生きる決心をしたもの」。不順な体調が続き、思わぬ風評も影響したのだろうか、彼女は結婚を諦めたのだ。「そういう意味では原爆は大いに私の人生に影響したわね。親は私の決めたことに怒ったけれど、今から考えると自分が決めた道は正しかったと思う」。彼女は過去を振り返り、どこまでもその決断を悔いることはなかった。「人の先頭に立って独立心が強く、何でもこなす自信にあふれながら、一方で楽しく生きていければ良いと思う中途半端さがある」と自分の性格を表現した彼女が、人の尊厳を奪い取った原爆によって体調に異変を感じた時、想像を越える大きな力の前に立ちすくんで結婚への期待やあこがれを捨て、人を巻き込むことなく一人で自分なりに生きていこうと決意したその判断を、誰も意見することはできないだろう。

こうして戦後の社会に泳ぎ出た彼女は、若さもあって仕事に打ち込んだ。「覚えるのが早いから、職場でも重宝された」らしい。会社やホテルで、合わせて四〇年間ほど勤めたのだ。そしてその勤務の成果は、「一人で働いて、家も建てたよ」ということになったのである。「何でも切り開くし、それが生きる力にもなった」と、どこまでも頑張って前を向く。「一人で生きてきたことは誇りでもあるし、それをみんなから助けてもらって、人生に悔いはない」と語るのだ。仕事が彼女の支えだったことから、当初は戦後のキャリアウーマンの横顔しか見えてこないように感じた私だったが、実は彼女の心には両親に対する深い思いも息づいていた。未婚のまま過ごした親不孝を、両親を介護し最期まで看取ることで詫びたのだ。「親を介護して、それはそれでよかったと思う」と満足そうに言ったのを、私は聞き洩らさなかった。

それにしても仕事から離れた後、六十四歳でギランバレー症候群[*2]と診断を受けてからは、病気とも付き合うようになった。七十歳を過ぎた頃からは高血圧、狭心症、慢性腎臓病、気管支喘息と立て続けに治療が必要になったし、七年前には右肩関節を人工関節にする手術を受けた。そのためか彼女は、「多分これで大きな病気はしないと思う」と妙に自信ありげな様子だ。生きる目標とする年齢も、「自然の成り行きにまかせます。でも百歳までいけるかも」と意外な自信で答えた彼女は、それでも、「将来、治ることがない病気になってもこの施設で生活し、最期もここか、病院ではない他の養護ホームで迎えたい」と病院死を拒否し、「自分の気持ちを自分で伝えることができなくなった時には、親代わりで育てた妹に代役を頼むつもりだし、死後のこまごまとした対応も、妹にしてもらうことにしている」と一人身の伝えるべき事柄に抜けはなかった。

今後の人生の柱を何にするかと尋ねた私に、「生きている兄弟と仲良くということ」と彼女は答えた。自分の健康法や楽しみなどをあげるのではなく、「何番目だったかがわからなくなる」と苦笑した兄弟間の人間関係を人生の柱としてあげた彼女に、私は一瞬たじろいだ。〝老い〟の中で、彼女の気持ちはかつての社会のつながりから身内のつながりにシフトしたようだ。「兄弟と付き合う時に、食事が呑み込めなくなったらどうするの」と意地悪い質問をした私には、顔をしかめて「胃瘻なんかいやだ。そんな医療を受けることがないように、食べ物に気を付けて努力するわよ。今から何かできるわけではないのに、そうまでして長生きはしたくないよ」と即答したし、「もし呼吸困難のために、気管に管を入れて機械で呼吸を維持する人工呼吸が必要だと言われたら、それを受けますか」と尋ねた時にも、「そうまでして生きようとは思わない。なるべく自然に生きたいの。急性疾患でどうしても必要ということであれば仕方がないけれど、たとえその場合でも自分の能力だけでは生きることができないということなのだから、我を張って生きることを模索することはないよ」と言葉尻に力を入れたのだった。彼女の情動は胃瘻や人工呼吸器の使用に拒否の姿勢を示していた。

原爆で理不尽な目にあったにもかかわらず、それを境に自律した彼女の人生は、九〇年という節目の年月まで積み上げられた。お彼岸の中日が過ぎた日に行われた彼女との面談は、「自分の人生には満足している」と語った彼女の言葉で、聴取する私たちも安心感に満ちるものとなった。「こういう対話は賛成よ、いいと思う。でも恥ずかしいね。それでもうれしいよ。いつでも話すし、どうぞ名前を出してもらってもいいよ。私の最期ね……私は自然に逝くような気がするよ。みんなに迷惑を掛けないように願っているということよ」。彼女は人生の語りとその終わりについて感想を述べた。彼女から割り切った生き方を聴くことができたのも、逝き方の割り切り方を聴くことができたのも、彼女の日々の薬管理をしている医務室という空間での、もの忘れと隣り合わせの日常の対話に参加したおかげと言えるものだったが、随所に見られた彼女の思いや考え方は、人生の中で確立されてきた当然の帰結だったように私には感じられた。

（まとめ：人生の生き方と生きる感覚）

被爆当時、彼女はすでに十分な理解力を持ち、しかも原爆による体調不良を自覚していた。それもあって結婚だって諦めたのだ。それにもかかわらず、ひるむこともなく被爆後七一年目に彼女は、「自分の人生には満足している」と言った。放射線による悪影響に配慮して結婚を諦めた悔しさは、人一倍感じていたはずだ。しかし生きる定めとしてその点に自分なりの区切りをつけた彼女は、一方で自分に期待してキャリアウーマンとして働き、人間関係を大切にして、何事にも前向きに生きてきた。原爆で亡くなった人たちの分まで、その人々に支えられて生きてきた彼女だったようにも見える。だからこそ、原爆の記憶や影響を乗り越えて、達成感を感じるところまで来たはずなのだ。

その上で、残された時間に思いが及ぶ時、彼女は医学的な理由付けに代わって「食べ物に気をつける」とか「我を張ることなく」という、人間味に彩られた自然な生活感で生きる感覚を表現し、今後の成り行きを予想してみせた。生き方と生きる感覚は互いに作用し合うものであるものの、その人の人生にとっては違う推進力の塊なのだと教えてくれているようだ。

表2　健康を維持するために大切な生活習慣

健康にとって大切な項目	一般人		医療者		
	65歳以上	65歳未満	医師	看護師	全体
風邪をひかないようにする	64.8%	41.9% ***	42.2% **	44.1% ***	43.9% ***
口の中を清潔に保つ	63.2%	37.7% ***	37.8% ***	37.5% ***	37.5% ***
できるだけ体を動かす	56.1%	38.1% ***	73.3% *	72.1% ***	71.4% ***
食事内容に気を配る	53.8%	38.1% ***	40.0%	37.5% ***	37.7% ***
腹八分目で食べ過ぎない	51.4%	28.5% ***	46.7%	44.6%	44.8%
よく寝る	50.9%	35.5% ***	28.9% **	31.1% ***	30.9% ***
身の回りを清潔に	50.4%	27.3% ***	13.3% ***	30.9% ***	29.2% ***
規則正しい生活	50.1%	30.7% ***	55.6%	79.5% ***	77.2% ***
太りすぎにならない	43.6%	41.5%	80.0% ***	67.7% ***	68.9% ***
禁酒・節酒	36.8%	29.8% *	75.5% ***	65.3% ***	66.4% ***
禁煙や節煙	21.1%	18.3%	88.9% ***	78.3% ***	79.3% ***
アンケート回答数（人）	383	873	45	424	469

(*p<0.05　**p<0.01　***p<0.001)

（日本老年医学会雑誌，42：67，2005. より抜粋）

表2は一般の健常者と医療者に対して、健康を維持するために大切な生活習慣は何かを尋ねたものだ。風邪をひかないようにする、口の中を清潔に保つ、できるだけ体を動かす、食事内容に気を配るといった自分たちの日常の行いから回答した六十五歳以上の一般老年者に対して、太りすぎにならない、酒を飲まない、タバコを吸わないなど医学教育的な視点から回答したのは医師だった。両者の立ち位置の違いは明らかで、面談においては医療者が注意すべき要点に見える。医師の私からすると場違いな表現に聞こえた彼女の生活感に満ちた発言も、彼女の性格と生きる感覚が綾を成した自然体の中から紡ぎ出されたものだったようだ。彼女は一人で生きてきた誇りを「自然に逝くような気がする」と最後まで自分流を貫き通すことで、もの忘れにも折り合いをつけようとしているように見える。彼女の生き方を理解している妹が、必要な時には彼女に寄り添って、思いを伝える代役を果たしてくれることだろう。そ

して、一人で生きられなくなった時、楽しみや喜びが分からなくなった時、それは彼女にとって、当然のことながら生きる感覚を失った人生の終焉なのだ。

＊1　宇品陸軍糧抹支廠：宇品にあった旧日本陸軍の食糧や軍馬の餌などの調達・配給・貯蓄・製造施設。
＊2　ギランバレー症候群：急速に左右対称性の四肢の筋力低下と腱反射の消失を起こす疾患。

（事例9）優柔不断な性格と不安のかたまり（被爆時年齢十三歳、男性）

この男性は（2）入市被爆者として被爆者手帳を取得した。これまでで一番悲しかったことは、原爆で多くの知り合いが死んだことだと彼は言う。特に、前日の八月五日、「廣島に帰ろう」と誘いに来てくれた友人の被爆死には、生かされた彼の後悔がいつもたどり着く。あの日から六十九年。老人の孤独死のニュースをきっかけに安心を求めて施設に入園した彼は、献体の手続きを終えてもまだ、自分の死にまつわる不安が湧き上がる。

彼の八二年間の人生を振り返ると、いろいろな要因がその時々に関与してきたと思うのだが、その中でも彼の言う〝優柔不断な性格〟が、その時の判断の方向を決めた場合が少なくなかったようだ。

彼は、瀬戸内海の島で生まれ育った。教員だった父は結核のために三十三歳で早世した。相談相手としての父を失った彼が、廣島市内の旧制中等学校に入ることにしたのは母の強い勧めだった。開戦して三年半が経つ戦況は思わしくなく、夏休みにもかかわらず彼ら中等学校の生徒には、土橋町での建物疎開への参加が義務付けられていた。実家に帰っていた彼のもとに、「建物疎開もあるし、今日は廣島に帰ろう」と一緒に帰省した友人が誘いに来てくれたのが、八月五日だった。しかし彼は久しぶりの島での生活を切り上げる決断ができず、友人の誘いに乗らなかったのである。八月六日、廣島の方向から上がる不気味なきのこ雲を見た彼は、翌日、伝馬船で母と廣島に入った。上陸した宇品港からは、何キロメートルも離れた廣島市内中心部付近の建物の残骸が見えて、驚くとともに大変なことが起こったと思ったものである。その後、焼け跡を歩き回って彼らが確認したのは、中等学校の同窓生・同級生が全滅したという事実だった。何とも言えない悔しさと寂しさが募る中で、前日、誘いに来てくれた友人には申し訳ない気がするばかりだった。しかし、現金なもので、しばらくして放射能のために廣島では何十年間も草木が生えないだろうとのうわさ話が流れると、「しまった、八月七日に廣島に行かなければよかった」と悔みもした、十三歳の夏だった。

朝鮮戦争を契機に彼は警察官に任官した。スポーツが好きだったこともあって、柔道や水泳の選手として鳴らしたものだった。しかしここでも性格が影響したのか長続きせず、その後は設計士をしたり、機械工として働くなど「あっちこっち仕事を変わって、一貫性のないこと」だったと彼は述懐する。

こうした中で彼を支えてくれたのは九十二歳の長寿を全うした母だった。その母が危篤になって病室に駆けつけた時、彼が目にしたのは医師が行う母への蘇生《そせい》行為だった。彼はとっさに「生き返ることがないのなら、その気管支に入れた管は抜いてやって下さい」と言い放ったという。医師が抜いた気管カニューレに血が付いていた光景が、彼には妙に忘れられない。「あの時『抜いて！』と叫んだことは、よかったのでしょうか」と彼は思い出をたどるように私に確認した。献体を望んでいた母の、「自然のままで最期を迎えたい」という気持ちを知っていた彼は、余分な苦痛を母に与えたくなかったのだ。こうした体験もあって、彼は母にならって献体するつもりだ。もしもの時には彼に代わって手続きをしてくれるはずの娘にも、その希望はすでに伝えたという。

生活の場としてこの施設への入居を思い立ったきっかけは、地域の過疎化と老後の不安だった。九年前に妻が亡くなってからは一人住まいが続き、周りには空き家が増えて孤独死も見つかる状況になっていた。「不安が高じると人に構ってもらいたくなる」彼は、孤独死になる不安から逃れたいという願望の中で、考えあぐねた末に入園することに決めたのだった。「ここでの生活も、あと二年くらいかな。長くは生きたくないす。子供たちに面倒を掛けたくないし、どうせ俺の死に目には子供は会えないだろうし」と母の時と同じく、余分な蘇生《そせい》行為をしてもらうつもりはない。胃瘻による栄養補給を八年間にわたって受けていた奥さんを残して、先に亡くなった知人の悩みを知っている彼は、「動けて元気になる見込みがないのに、胃瘻をするようなことだけは止めてほしい」と語り、もしもの時には「昔はみんな、自宅で見守られるだけで死んだものだ。でも苦しむことはなかった。俺は最期までこの施設でいい」と病院に入ることは望まなかった。「それでは」と畳み掛けて尋ねる私に、「同じように、たとえ一時的な肺炎になったとしても、病院で人工呼吸器による治療を受けることはない」と彼ははっきりと言い切った。そして医務室を出る時、「先生と会えてよかった」とこの対話に満足した上で、有益だったことを表現してくれたのだ。決して口先ばかりのことではなかったと思う。

それからしばらく、彼の姿に会うことはなかった。久しぶりに白いシャツにジーパン姿で彼が医務室に現れたのは桜が散り始めた暖かい日で、前回の面談から九カ月ほどが経っていた。「ここにきて改めて、自分の人生に幕が閉まる絵を描くようになったのです」と顔が引きつっていた。「幕が閉まったとしても、あなたはこれまでの人生に満足していたのではなかったかしら」。深刻な彼の顔に「子供たちに迷惑を掛けたくない」と以前語った彼の顔を重ねて、私は意地悪く冗談めかした言葉を返した。努めて口角を上げた私に彼は、「終わりました。もうどうでもいいです」とボソッと答えた。ちょっとした不注意で転倒したことがきっかけとなって、何時の間にか耳鳴りが始まり、身体に自信が無くなる一方で、この施設の職員の対応に不満を感じたことが加わって、彼は全てにやる気を無くしていた。私は「不安が高じると構ってもらいたくなる」彼の気質を受け止めて、相談に乗ることにしたのだった。

数日後、私の紹介状を持って脳外科医を受診した彼は、投薬を受けて安心した顔で帰園した。もともと人に迷惑を掛けることなく、自然に近い姿で過ごし、身の回りのことが自分でできて、他人に弱った姿を見せないという思いを大切にしながら彼は暮らしてきたのだが、受診したことで周りの支援の有無にかかわらず、これらの生活規範が全て継続できる自信が呼び戻された風だった。明るい表情と軽やかな声色がそれを示していた。私は彼の語りをこれからも聴き続け、繰り返される不安を取り除きながら、彼の願望に答えていくつもりだった。

（まとめ：不安と願望が見せる人生の奥行き）

廣島に戻る日を伸ばしたばかりに独り生かされた彼は、不安と願望が交わったり離れたりすることによって、そこに生じた優柔不断さが判断に影響する一面を見せた。被爆直後の廣島市内を歩き回ったことを後悔した十三歳の彼や、耳鳴りへの対応で落ち込んだ八十二歳の彼は、不安に彩られた彼だったし、そんな時には自分の歩み方・生き方を見失う判断さえあった。一方、母への蘇生《そせい》行為に異議を唱えた彼の行動は、自然のままで最期を迎えたいという母の希望を叶えてやりたいという彼の願望から出た、不安に邪魔されることのない心からの叫びだったし、もしもの時の医療対応を話した彼は、母の生き方や知人の悩みにならった願望で満たされて、優柔不断さを感じさせない判断を見せたのだった。

歳を重ねる中で増してくる不安を、医師や周囲の助けを借りて取り除いた時、自分らしく生きるための思いが願望という形で再生できることを示した彼の姿こそ、〝老い〟での実像を見えにくくしている不安への対処が、生きる探照灯、生きる安心感となり、医療選択にも影響することを教えてくれるものだった。中山[21]は関との往復書簡で、「改めて人間の生死の分かれ目について考えさせられる」と書いた。そして「それぞれ理由があって生き残った」と語った友人の言葉を引いて、「私たちは死者の声に耳を澄ませながら、巡礼の旅を続けているのではないか。それとも死者によって生かされているのか」と生きている理由に思いを馳せた。その流れにしたがうならば、生かされたがための高齢化、そして不安との葛藤、落ち込んだ時に明らかになる周囲への不満、彼が生かされた結果として私たちに示してくれたものは現在の彼の生き様であり、その意味で、不安と願望が織りなす優柔不断さを表現して見せることで、彼は私たちに人生の奥行きを感じさせてくれたのだった。それは全ての人に共通した日常的な〝老い〟にまつわるものであり、そしてこれから迎える生死の分かれ目を考えることにも関連した死生観・人生観にまつわるものでもあったから、こうした語りを聴くことの必要性と、最後まで自分らしく生きるための医療への思いや願望を掘り起こす意義を再確認するものでもあった。

（事例10）思わぬ不幸（被爆時年齢十七歳、男性）

この男性は（1）直接被爆者として被爆者手帳を取得した。わが国の敗戦をこれまでで一番悲しかったこととしてあげた彼にとって、被爆したことはそれに比べれば時間の中に埋没した、かつての体験の一つにすぎなかったはずだった。しかし被爆後三〇年経って彼の心を痛めたのは、子供を巻き込んだ原爆の風評だった。時代が回って人生の終着点が見える今、罹った病気の動向を気にしつつも生きている限り子供を支えてやりたいと、彼は親心にいつも思う。

診察室で彼の人生にまつわる話を聴こうとした医師には、これまでに会ったことがなかった。しかし彼の歴史ともいうべきこれまでの人生の出来事を話すことは、価値観や人生観を知ってもらうのには最適の話題だと思ったし、自分でも、この医師なら素直に話したいと感じていた。彼は人間として、その医師と付き合おうと思ったのだった。

外来診察室での過去に及ぶ人生の話は、一九四四年、彼が十六歳の時から始まった。それは学徒動員で蒸気機関車の釜炊き作業に従事し始めた年だった。故郷を離れ、霞町（現在の広島市南区）に間借りして、尾長町（現在の広島市東区）の機関区まで通っていたのだ。

だからあの原爆投下は、夜勤から帰った直後に、その霞町の間借りをした家（爆心地から三・〇キロメートル）で迎えた。十七歳になっていた彼は大家さんと話をしていて、黄色く感じた強烈な光を見た。大きな音を聞いた記憶はない。周りのものが倒れて天井も落ちたが、洋服ダンスが支えとなって、けがはなかった。埃《ほこり》が舞い上がり、周りも見えにくくなった。あわてて外に出たら、周囲の蓮田《はすた》には何人かのけが人が座り込んでいたという。仕事場が気になって機関区に駆けつける途中では、けがをして座り込んだ多くの人から足をつかまれたし、水を求められた。日中は動き回り、夜は操車場に止めてあった客車の椅子をはずして、むさぼるように寝た長い一日だった。彼には黒い雨の記憶はない。

翌日は、すし詰めの汽車で故郷に帰った。破壊された廣島の情報は、そこにはまだ届いていなかった。警備に立つ兵士から「廣島では写真を撮ったそうですな」とあの黄色い鋭い光の事をフラッシュと間違えて悠長に聞かれただけだった。だから彼の体験談は故郷の人々を驚かせた。数日を実家で過ごし、再び尾長の機関区に帰った時に初めて、落とされた爆弾が原子爆弾だったと上司から聞かされたが、原爆が何なのかは理解できなかったと言う。この時点ではすでに市街地には負傷者は見えなかったし、人通りも多くはなかった。ただうわさ話で原爆症の話を聞くたびに、自分も急に体調を崩すのではないかと、しばらく不安に駆られたものだった。

「私らには青春時代はなかった。学徒動員の名の下に戦争に行ったようなもので、戦争や戦後の混乱の中で、あの時代は過ぎて行った」と語る彼は、戦後、故郷で就職し、戦争の影響が落ち着いた二十五歳の時に、見合い結婚をしたのだった。すでにその時には原爆のことは気にならなかったし、問題にされることもなかった。夫婦の間には子供が生まれ、一家は活気に満ちていた。ただ将来のことを考えて、彼は一九六二年に被爆者手帳を取得した。真面目で努力家の彼は勉強でもくじけることはなかった。人脈も広がり、順調に一九七〇年代を迎えたのだ。

年頃になった息子はお見合いをして、気に入った若い二人は結婚を前提に付き合いを始めた。ところが、息子が被爆二世ということを知った相手の親から、突然、「なかったことにしてほしい」と申し入れがなされたのである。結婚話は破談になり、結果として息子は独身を通すことになった。子供の人生の思わぬつまずきを知らされた彼は、「わしが原爆に遭ったからか」とつらい気持ちを妻と語り合ったという。被爆から三〇年も経ったあの時点でも、被爆者とそれにつながる若い世代が、思わぬ苦しみに耐えなければならないことを悔いたのだ。あまりの仕打ちと言えば、まさにそれだった。

あれからさらに四〇年。息子は定年を迎えた。「改めて心の内を聞くことがいいことだとは限らないし、聞くことによって触れられたくない琴線に触れるかもしれない」と彼は思いを語った。しかも息子はすでに割り切っているようにも見えるのだ。だからこれまで彼はこの件にはできるだけ触れることなく過ごしてきた。その分、八十七歳になったとは言うものの、元気でいる限りどこまでも子供の支えになっていくつもりだ。「長生きしたいわいね」と言う、その一言に込められた気持ちは真剣で、しかも重い。

これまで病院では病気という接点で医師と対面するばかりだった。血痰が出たり、不整脈で胸部の違和感を覚えるようになって、〝溺れる者はわらをもつかむ〟という心境で専門医の扉をたたいたこともあった。的確な治療によって、安心感の中でそれなりの満足感が得られたとはいえ、医師が相手にしてくれたのは彼の気管支であり、心臓といった臓器だった。しかし病気とともに老いの円熟期を迎えた彼にとって、自分の人生を語り、自分の思いを共有してくれる医師と対話の場があればいいと思っていたのも事実だった。「平素思うことを話したい」と、胸深くにおさめていた息子に対する負い目に似た気持ちを、彼はこうして医師に語った。医師は一言、一言書き留め、そしてじっと聞いてくれた。それは彼の「心が晴れた気持ち」につながり、今後の人生に向かう力を産んだようだ。「この年まで、よう生きたと思う」とこれまでの人生の満足度を一〇〇点満点の九〇点だと評価した彼は、これからも「頑張れるだけ頑張ってみるつもりだ」と述べた。

彼の直近の心配事は、原爆の影響よりも、医師から説明を受けた間質性肺炎のことだ。「くよくよしないつもりだが、気にはなる。できた間質性肺炎は元に戻らないのだから、できるだけ考えないようにして、先が楽しければよいという思い」と彼は笑ってはぐらかす。そして言葉とは裏腹に、認知症防止のために老人大学で習ったパソコンを使って、せっせと間質性肺炎の関連記事を集めている。医師から「呼吸機能が悪化すれば、酸素療法や場合によっては人工呼吸器を用いた治療の可能性が出てくる」と真面目な顔で言われてしまったからだ。「鼻カニューラを着けて、馬のような恰好をするのは嫌だが、やらなければいけない時には仕方がない。酸素ボンベも人工呼吸器も覚悟はしています。人は守ってくれんから、自分で将来のことは考えなければ……。でもくよくよはしない」と彼は唇に力を入れた。「楽な状態で長生きが目標。人工呼吸器の使用もその中で考えたい」と語る彼は、「あなたは胃瘻を受けられますか」と聞かれて、「えー、そこまでやるとなると、難儀しますわ（むずかしい）。同僚が胃瘻で長く患ったのを見て、わしにはできんなあと思ったことがあります。食べたりしゃべったりできるのが花ですよ」と苦笑した。

最期は自宅で迎えたいと希望する彼に何かがあれば、息子が彼に代わって医療選択に当たってくれるはずだ。「これからは青春時代がなかった分を、おおらかに自由に生きようと思う。ただし、今から人生を楽しもうと特別なことを考えても、もう歳が待ってくれんですよ。だからここで先生と話すことで、安心しながら自分のペースで」と彼は笑顔で薄くなった頭を撫でた。「人にはよくしとくもんだ（よくしておくものだ）」と、話好きで人の世話をすることをいとわない彼は、医師と語ることで不安を払拭しながら進む道を確かめ、自分の使命を深く心に刻んで、残された余生を眺めている。

（まとめ：生きる道を語るということ）

「何でもきちっと、しとらんといけん（していないといけない性格の）、A型ですから。後悔することがないように」と語る心配症の彼は、足しげく病院に通い、不安を医師にぶつける。取り敢えずの治療や対応を探し続けるその姿勢は、彼がまだもしもの時の医療計画について迷い続けていることの裏返しだ。その不安を私が傾聴させてもらうことで、彼にとっては一旦立ち止って前を向くきっかけにはなっている。その積み重ねが〝生きる安心感〟として最後まで自分らしく生きることにつながるかどうか、問題はそこだ。

「人はどちらかと言えば心弱き生きもので、迷いや悩み、混乱があって当然だ」と述べた上野[22]は、人生の最終段階における事前の医療の選択について、「私には決められない。最期まで迷いぬけばよい。健康な時の日付のある意思など信じるな」と語り、いつ、どんな死に方をするかを自分で決められないのだから、事前の医療選択に結論を下すことよりももっと大切なことは、生きる覚悟としての〝最期の瞬間まで諦めずに生きる〟という思いだと述べた。奇しくも私の「最後まで自分らしく生きたか」という家族の死を契機とした最初の気付きにつながる言葉が彼女から語られていたことに驚くばかりだ。

不安の中で迷い続ける彼の行動は、最後まで医師の力を借りながら自分で医療の選択にあたろうとする姿につながっていく。そうであるのなら、今後の医療について語れる範囲で、希望や思いを語っておくことは意味があることなのだと、私は説得したいのだ。途中でその希望や思いが変わってもよいではないか。確かに気持ちの上で子供への負担を増やしたくないという思いもよくわかる。しかし最後は人の世話になることが避けられず、しかも意識障害もあり得る終末期であるのなら、せめて……比較的元気なうちから不安を語るにとどまることなく、老化に伴う自分なりに生きる道を、自分に向けても、そして周りに向けても、折に触れて語り続けてもらいたいと思う。彼の語りから彼が大切にしてきた価値観を理解し、最後まで彼らしく生きることにつなげようとする私の試みは、まだ先が長い。

（事例11）望んではいけない医療（被爆時年齢十四歳、女性）

この女性は（1）直接被爆者として被爆者手帳を取得した。あの日、原爆で焼かれた体や手は熱く、防火水槽に浸そうと試みた彼女だった。しかし同じ思いの多くの人が群がった上に、水槽によっては中で死んでいる人もいて、どうしても浸す決断はできなかった。浸すことを諦《あきら》めるために、水槽を前にしてあれほど葛藤したことを、どれだけの人が理解してくれるだろうか。戦後、やけどやケロイドで動かなくなった手や指を、障子を破くことでリハビリに代えた彼女だったが、障子も彼女の気持ちもボロボロだった。

彼女と初めて会ったのは、数年前の年末だった。仕事納めの直前で忙しくしていた私の外来に、発熱と食欲不振を訴えて彼女が顔を出したのだった。「忙しくしすぎたんですよ。年甲斐もなく」と彼女は言った。原爆の語り部として小・中学生の平和学習に参画し、彼女の経験した悲惨さを伝えることに命を掛けてきたから、つい力を入れすぎるところがあったと言うのだ。「こんなに働くところから見ると、前世は余程さぼっていたのでしょう」と苦笑した彼女の諸検査は、肺炎による体調不良を示していた。そのため、大みそかまでの約一週間を、彼女は病院で過ごすことになった。

その後私は定年を迎え、被爆者に対して、今後受けるかもしれない医療への希望や思いについて聴き取りを始めた。その過程で面談を依頼した電話に、彼女は快諾した。こうして私は、八十五歳になった彼女に病院の相談室で久しぶりに会うことになった。彼女はトレードマークの薄い色のついた眼鏡

図16　被爆体験の語りを使命として

をかけ、黒い帽子で髪を覆い、やはり黒いブラウスと黒いパンツ姿で、荷物を入れたリュックサックを背負っていた。標準語で話す滑舌の良さは、彼女を歳よりもはるかに若く見せた。

彼女は六人兄弟の五番目として広島県の山間部で生まれた。父は材木業を営む地元の名士だった。尋常小学校を卒業した彼女は廣島に出て、南竹屋町にあった高等女学校の寮に入った。そして、あの八月六日を迎えることになる。

午前八時を知らせる鐘が鳴って、学徒動員作業に出掛けるために彼女たちは紅白の鉢巻を締め、下駄をはいて校庭に集まっていた（爆心地から一・五キロメートル：現在の広島市中区）。ブラウスに胸当てのついたモンペ姿で、肩から救急カバンを下げていた。その中には防空頭巾、三角巾、一カ月に一回の配給の乾パン、梅干などが入っていた。

その瞬間は前触れなく、正面から熱風の直撃を受けた。熱いという感覚はなかったが、とっさに両手で顔を覆い、しばらくして手を離すとショッキングピンクを薄くした感じの光の中にいた。呼吸がしにくくなって、手を上下に五～六回動かしてそこから逃げようとしたことまでは憶えている。その直後、爆風のために二〇メートルほど飛ばされて、彼女は気絶した。

しばらくして、「お父さん助けて、お母さん助けて」と言う周りの声で彼女は気が付いた。目を開けると真っ暗で一瞬夢かと思ったが、周囲の叫び声が段々大きくなり、近くに落ちた爆弾でやられたのだと確信した。真っ暗で見えなかった周りの景色も、徐々に夜が明けるように明るさが増して、見えるようになってきた。彼女はびっくりした。目の前にあった校舎はがれきの山となり、舞い上がったその埃で、周囲の景色が見えなかったのだ。右手を顔に持っていこうとしたら、ずるずる何かついて持ち上がる。左手も同様で、よく見ると両前腕の皮がはがれて爪で止まってぶら下がっている。痛いとは感じなかったが、手だけではなく、顔も含めて全身が焼けただれていた。着ていたブラウスはちぎれ、背中も肩も焼けて、モンペは腰のあたりにボロボロになったものがぶら下がる。膝から下は焼けただれて、白い骨が直接見えた。もちろん下駄は無くなり、裸足のままだった。救急カバンも無くなっていた。彼女は垂れ下がった皮膚が元の位置に戻るのが大切なような気がして、両手を上げてみた。その時、「あなた、立って逃げなさい」と先生が校門の方向を指してしかるように叫ぶのを聞いた。周りの、しゃがんだままで黒くなって動かない生徒たちを逃がそうと、先生は一生懸命だった。しかし、しゃがみこんだ生徒たちの多くは、そのままの姿勢ですでに亡くなっていた。先生の声に後押しされた彼女は何とか立ち上がり、両手を持ちあげて校門を目指した。校舎の下敷きになっていた生徒たちから、「助けて、一緒に連れてって」と声がかかったが、何かができるような状況ではなかった。「ごめんなさい」とその声を振り切って、逃げるのが精一杯だった。

校門を出ると、南西に位置する千田町方面は火の海で通れそうもなかった。そこで北東の鶴見橋方面に向かうことにした。そこまで来るとガラスで傷ついている人も多かった。防火水槽には人が群り、水槽内で絶命した人も見えた。誰かが死体を通りの端に寄せたのかと思うほど、あの混乱の中でも死体をまたいで逃げたという記憶はない。鶴見橋から多門院のある比治山（標高約七〇メートル）の登り口までの家は全て倒れて道を塞いでいたので、直接山肌に取りつくことにした。避難者が作ったけもの道のような西側の山道には、たくさんの人が重なるように倒れていた。山に手をついて上がろうとしたが手が言うことをきかない。仕方がないので、山肌に尻を着けて摺り上がった。たどり着いた比治山の上の御便殿広場[*1]には、やけどやガラスが刺さって苦しむ何百という被爆者が避難しており、横になる場所さえなかった。ただ奇妙にも比治山の木は焼けずに残っていた。軍務についていた兄はどうしたかしらと広場から見おろすと、軍の施設のあった紙屋町地区はもちろん、市内全域が壊滅しており、火災の状況もよく見えた。この時初めて、爆弾は広島市全体に落ちたのだと確信した。

広場ではけがの軽い人たちが負傷者の世話をしていた。その一人が「段原地区に避難を」と叫ぶのを聞いて、彼女は御便殿広場から東側の山腹を伝って下りることにした。段原地区は爆風にもかかわらず比治山の陰になっていたために、屋根の瓦が落ちた家はあったが、多くは無傷だった。「段原第一国民学校に避難してください」と言う声にしたがって、周りの倒れた人たちには目もくれず、這うようにして彼女は進んだ。小学校の講堂には重症の人が収容されていて、それ以外は校庭に寝かされていた。講堂の入口に立っていた人が「あんたは中に入りんさい」と彼女に指示した。覗《のぞ》き込むと隙間もなく負傷者が並んでいた。びっくりして彼女はそこに座り込んだが、すぐに「あんた、そこは通路じゃけ」という怒声が飛んできた。それに押されて這うようにして奥に進んでいくと、中学生らしい子が裸同然で焼けただれて寝ていた。坊主頭で顎にちぎれた詰襟《つめえり》だけがついていた。彼女はその子の足元にくっつくように横になった。被災者の浸出液による悪臭が鼻を突き、その間をたくさんのハエが飛んでいた。昨日まではそんなに多くのハエは見なかったのだが……と不思議だった。

そうこうするうち、彼女は担架を持って講堂を出入りする人に気が付いた。「もう六〇人になったから火葬させてもらおう」と呟くその人たちの言動から、講堂内で亡くなった被爆者を運び出しているのだということが分かった。空いた隙間にはすぐ別の人が校庭から運び込まれる状況に、自分はいつ死ぬのかしらと彼女は不安を掻き立てられたという。うす暗い講堂内は負傷者の大きなうめき声が響き、うとうとするのがせいぜいの状況だった。昼間は見ることのなかった兵士の姿が夕方になるにつれて増えてきた。西の方では黒い雨が降ったらしい。兵士たちは、「水を飲みたい人は連れて行ってあげるから言ってください」と声をかけて回った。しかし自分で体を動かすことができる人は限られており、それに答える人はいなかった。焼けただれた手にはハエが黒くなるほど止まるのだが、それを何とも思わない、精神的にも異常な空間だった。蚊とハエは原爆でも死ななかったのだ。

翌朝、両手・両腕に小さな白いものがたくさんついていた。「痛いから取って」と兵士に頼むと、彼は「ハエの卵だ」と教えてくれた。「流しましょう」と言ってくれた兵士の手を借りて水汲み場で流してもらったが、その時の水の爽やかさは彼女にとって強烈な印象として記憶に残っている。水道水を思い切りガブガブ飲んだのは快感だった。指の先には木の皮のようになった皮膚がついており、手を持ち上げて待っていたら兵士が握りばさみを持ってきて、バチッと切ってくれた。それだけで身軽で楽になった気がしたものだ。起き上がる時、床に張り付いた皮膚の痛みを初めて感じたのもこの頃だった。勝手には動けないし、食事もないし、考えてみればどうにもならない状況だったのだが、床が冷たいのは気持ちが良かった。

八月八日になって、「明日、講堂内にいる人だけ宇品港の沖三キロメートルにある似島に移動、避難します」と告げられた。廣島湾に浮かぶ似島に移ったら、家族が捜しに来てもわからないかもしれない。今日こそ何とか家族に迎えに来てもらいたいものだと、彼女は講堂の入口に視線を送り続けた。昼頃、位の高い軍人の視察があった。「こりゃひどい」と言いながら彼らが通りすぎた最後尾の兵士に、彼女は見覚えがあった。声をかけると敬礼してくれて、兄の部下であることが分かった。兄の事を聞くと、父と叔父が探しに来ているという。そこで彼女の事も知らせてくれるように頼み、それからは心待ちに家族を待つ時間に変わった。うす暗くなりかけた頃、やっと父と叔父が講堂に入って来た。うれしさで涙が出て、彼女は声をかけることができなかった。「ナツミ（仮名）どこにいる」と言いながら二人はそばを行き過ぎた。あわてて彼女は父の名前を叫んだ。二人は振り向いて、じっと彼女を見た。しかしいくら名前を連呼しても容貌の変わった彼女を分かってくれない。確信が持てない父はしゃがんで、「すまんが、生まれた所と両親の名前を言ってみてくれんか」と言った。彼女はそれに答えたのだが、やはり叔父も父も分かってくれない。彼女は悲しくなってついに泣き出した。その泣き声を聞いた父がやっと、「これはナツミだ」と気付いてくれた。実家では、夜、屋外にあったトイレに行くのに、小さかった彼女は恐ろしさのあまり、「誰か一緒にトイレに行って」と言ってはよく泣いたものだった。父はその声を覚えていたのだった。父の助けでトラックの荷台に乗せてもらい、けがをした姉と、寝ているような兄の遺体とともに実家に向けて出発したのは、すっかり暗くなった頃だった。

実家近くの医師には赤チンしか用意がなかった。それを体中に塗った彼女は、ガーゼと包帯で目と鼻とを出してぐるぐる巻きにされてしまった。浸出液で皮膚にはりついたガーゼと包帯を剥がして交換する毎日の作業は、痛みで泣き叫ぶ艱難辛苦《かんなんしんく》の連続だった。しかし我慢のお陰で、終戦から一カ月経つと足はきれいに治り、二カ月が過ぎると顔の包帯を取る日がやってきた。包帯の中から素顔が現れた時には、周囲からしばらく発語はなかった。父は「大丈夫、大丈夫、日数をかければ治るから」と言うだけだったし、母は何時の間にか鏡をどこかに隠してしまった。何とか自分の顔を見てみたいと思った彼女は、ガラス戸に照らして顔を写した。髪のないつるつるの頭が見え、顔はかさぶたで面をかぶったようになり、手はケロイドで盛り上がって動くことはなかった。それでも、〝自分は生きると決めたのだから〟と気を取り直して、その日の夕方から彼女は動き始めた。ケロイドで固まった手の指に五〇センチメートルほどの差しを挟むようにして持ち、これで障子を破るという手の指や手首のリハビリを始めたのだ。両親が繰り返し障子を張り替えるのを見て、「ごめんなさい」と詫び入ったものだ。おかげで二〇日後には手首が動くようになり、箸が使えるようになった。自分で食べることができた食事はとてもおいしかった。しかし肘は曲がらなかったし、多くのできない動作は全て両親の助けに頼らざるを得なかった。顔のかさぶたは終戦後三カ月までにはほぼとれたが、盛り上がった皮膚をぬか袋で摩擦《まさつ》する母のマッサージは、翌年の四月まで続いた。

戦後は高校に二年間通った。髪が生えないのでスカーフをかぶっていたら、それをわざと取るいじわるな同級生がいた。腹は煮えくり返るほどだったが、文句を言わないままでいたら、自然にそういう行為は無くなっていった。ただケロイドのために、「ピカドン（原爆による傷害）はうつる」とか、「お嫁さんのもらい手がない」とか、無責任な発言を繰り返す者は後を絶たなかった。そうした周囲の動きは、彼女に結婚を怖れさせる力として働き、結婚しようという気さえ起こらなくなった。これが独身を通し、デザイナーになることを目指す直接的な動機になった。姉たちのお下がりの着物に襟を着けたり、それを取る工夫などを試みた小さい頃の裁縫《さいほう》遊びが、生涯の仕事に結びついたのだ。

高校を卒業した後は、上京してデザイナーとしての実力の向上に努めた。ある店で一緒に働いた先輩に、かつてパリで勉強をしたという人がいた。彼女はその人の仕事ぶりを見て、是非パリで勉強したいと願った。「その先輩にできて、私にできないことはない、という気持ちだった」と彼女は語っている。二十六歳になっていた彼女は、「勉強のためにパリに行きたい」と両親に頼んだらしい。父は原爆にあった娘を不憫《ふびん》と思ったのか「好きなようにしなさい」と言ってくれたし、母も「思うようにしたら」と支援の声を上げてくれた。

フランス大使館で私費留学生の申し込みをして、飛行機でパリに出発したのは二十七歳の時だった。パリではアリアンスフランセーズ[*2]の寮に入って、デザイナー学校に通った。そこではプロのアトリエに手伝いに行くこともあったのだが、見るもの聞くもの全てが勉強だった。こうして翌年、彼女はパリで森英恵[*3]に会うことになる。そしてそれが縁で、帰国した彼女は森英恵の助手として、東京で働くことになったのだった。三十歳の頃の事である。それからは毎年、外国でのファッションショーの開催に携わり、かつてない充実した時間を過ごすことになった。「多くの人に会えて、教えてもらうことがたくさんあった。いろいろな世界を見た」と彼女は懐かしそうに当時を思い出すのだ。

その後、デザイナーとして広島に帰る機会が巡って来たことから四十一歳で帰広し、七十一歳まで現役で仕事を続けた。父は彼女が東京にいる時期に、母は帰広後にそれぞれ亡くなった。彼女にとって、両親の死は言葉では言い表すことができない悲しい出来事だった。「親というのはありがたいもので、それぞれ亡くなった日は大切な日です」と彼女は述懐する。

かつての上司だった森英恵が来広して講演したのは、仕事を辞める直前だった。それまでそんな話は出たことがなかったのに、その時に限って恩師が、「原爆体験を話してあげたほうがいいんじゃないの。原爆に遭った人の義務じゃないかと思うの」と彼女に忠告してくれたのだ。自分の生き方を問われた彼女は、しばし考え込むことになる。と言うのも、それまで彼女は腕のケロイドさえ隠して、見せないようにして生きてきたのだから。

こうして七十五歳になって初めて、彼女は原爆体験を語り始めた。それは当初はいやな仕事だった。苦しさを思い出して、涙が出そうで人の眼を避けようと後ろを向いたこともあったという。しかしいつしか「平和学習で来広する子供たちが、私の話を希望して一生懸命聞いてくれる」ことに気づいてから、彼女は精一杯話すことに集中するようになった。ただ肺炎を経験して以来、「やりすぎだ、頼まれたからといって全ての仕事を引き受ける必要はない」と気遣う周囲の声が聞こえ始めた。平和学習へ全力投球したいと考える彼女は、そんな忠告に戸惑いながらも活動を続けている。

もちろん、体力がついていかなくなったという思いは隠すことができない。もう八十五歳なのだ。

甲状腺機能低下症や腰痛症という文字も、頻繁に彼女のカルテに見られるようになった。若いうちなら手術も考えたかもしれないけれど、今の歳では手術はしないことに決めている。今後、さらに重篤な病気に罹るようなことでもあれば、「自分で食を断つようにして、自然に死を迎えたい」と思うし、最期は「病院ではなくて、施設しかない」と思っている。九十歳まで生きることを目標にする彼女は、「母の五十回忌が十八年後だから、早めてそれだけは済ませておきたい」と気にかける。

人生の最終段階での医療については、意識がはっきりせずに自分で判断ができなければ甥と甥の子供に委ねざるを得ないと思う。だから甥や甥の子供が医療の選択に困らないように、彼女はすでにそれに対する意思を明らかにして伝えてある。たとえば、胃瘻が必要な状況になったとしても、「私は受けません。拒否します。胃瘻をして生き続けられる人は、子供がいる人で、情が絡んだ深い背景があるはずです。それを姪や甥に求めてはいけないと思います」とはっきりしているし、「もし呼吸ができなくなったとしても、気管に管を入れて機械で呼吸を維持する人工呼吸は受けません。一人身の私の立場では、望んではいけない医療だと思います。仕方がありません」と決断にぶれはない。死後の仏事までも、「葬式はしません。骨の一部は墓に入れてもらいますが、残りは周りの山に散骨してもらいたい。海がこわい私は、山がいいの」とすでに計画済みである。伝えられた甥は、「わかった、わかった」と理解してくれた様子だったというが、全てをまかせる立場からすれば「いろいろ頼んだけれど、それをしてくれても、してくれなくても、ありがたいという気持ち」なのだ。医療は情が絡む人間関係の存在が前提で、それが無い場合には適応が無いものもあるのだという彼女独特の医療選択基準は、迷惑をかけることなく、きれいにこの世を去るという彼女の思いを実践するためのものだ。

彼女は自分の性格を、「優しすぎて情に流されるところがある。その反面、自分で思ったことはやり遂げる頑固さもある。時にはなにくそと思わなければならないこともあるし、そうは言っていられない時もあるからね」と表現した。優しさが長所でもあり、短所でもあると言う。長く大変な時代を駆け抜けた彼女は今、人生の最終の時期を心静かに仏前で過ごす。「我が家の習慣でしょう。お寺を大事にする家でしたから」。

彼女の人生は両親の愛に支えられたものだった。それに〝原爆、なにくそ〟なる気概が彼女の信念と重なってキャリアウーマンの先駆けとしての人間性を形作ったのだった。そして人生の円熟期に入ってからは「原爆に遭っているあなたが、原爆の様子を伝えてあげなさい」と語った恩師の言葉に励まされて、平和を伝えることに自分の役割を見出した。彼女はいつも丁寧な態度で、いつも清々しい。「自分なりには、やってきた」つもりだ。「原爆がなかったら、希望がいっぱいある違う人生を送っていたと思う。子供は育ててみたいですね。芸術品のようなものだと思うわ」。女性としての夢を果たせなかった彼女は、それも悔しいのだ。「どうぞ真実を残してください」彼女の人生を字にして残したいと私が言った時、彼女はうれしそうにそう答えたのだった。

（まとめ：後進の若人のために生かすこと）

あの八月六日の稀有な体験を後の世に生かす賢さ、同じ悲劇がいつでも起こり得ることを想像する力、それらを育む必要性を教えてくれた多くの被爆者は、生きることに精一杯の環境と、迷惑を掛けることによる他人への遠慮のはざまで生きてきた。それでも立ち上がり、復興ののろしを上げることができたのは、目標を定めてみんなが同じ環境の中で一途に努力したからだ。「本当に苦しかった原爆復興時、国からは一切お金をもらえなかった広島を、この地からの移民が多かったハワイだけは支えてくれたの」。世界を見てきた彼女の眼には、平和を求め維持しようとする活動が掛け声倒れになりそうな、わが国の頼りない現状が見えているのかもしれない。ちなみに、平和公園には未だにお参りできない気持ちが強いと彼女は言う。〝亡くなった被爆者たちは、まだ安らかに寝ることができていない〟と思うからだ。世界から核兵器が無くなっていないし、しかもわが国政府の姿勢がこうした取り組みに対して前向きではないと思うからだ。今後の二〇年間を本気で過ごさなかったら、もう核兵器廃絶の機会はないような気がして、全広島が、いや全日本が立ち上がらなければいけないと彼女は思う。「戦争を否定し、核兵器の廃絶を目指す運動は、説得力があるしっかりした人に引っ張ってほしい。時代を越えて前向きに進む、そうした会を作るべきだと思う」。

　そのためにも健康管理の最前線に立つ医師には被爆者医療の歴史を踏まえて、時代を越えた思考をしてもらいたいと思う。原爆症に関する話をすると、医師はしばしば聞く耳を持たないようなところがある。どうしてなのだろう。「健康問題の専門家として、原爆の恐ろしさを正面から受け止めて対応を考えてほしいのに」と思うばかりなのだ。今の生活に満足する小市民としてではなく、社会のリーダーとして、医師には本質を捉える発想と行動を期待したいのだ。

　一方で、被爆二世問題もないがしろにはできないと彼女は感じている。姉は認知症で入院中だが、すでに三人の子供を失った。一人は小さい時に、残りは白血病や腹部のがんが原因だった。被爆二世の健康管理に関しては国としてのデータさえないのではなかろうか。国民に安心を与えようとする姿勢が見えないのは、彼女にすれば日本が成熟した国家とは言えないレベルの国だと言うことなのだ。

桜の花びらが舞う春の日、彼女の姿はいつものように平和学習の講義室にあった。被爆体験を語った後、関東地方から来広した中学生に投げかけた言葉は次のようなものだった。「どんなことがあっても、自分に負けないでください。そうすれば結果はついてきます。人生には我慢しなければならない時があります。母に支えられて、私も二十五歳頃になって、ようやく自信がついてきたものです。希望だけは大きく持って、何でもいいから一つ技術を身に付けてください。それがあなた方の人生の支えになると思います。そうすれば何があっても大丈夫よ。仲良くすることは大切だし、相手の気持ちが理解できる人になって下さい。戦争はいけません。良い事は何もありません。そして核兵器は絶対に廃絶しなければなりません」。彼女は原爆で生き残った者として、戦争や核兵器を告発しつつ、まるで祖母のような慈愛のこもったまなざしで、若い世代の人たちに社会に羽ばたくための具体的な術を説いた。

もしもの時の彼女に対する医療選択は限られたもので満足し、その分、後進の幸せを代償としようとする彼女だった。後を託す人たちに迷惑を掛けることがないように、自分の旅立ちを自ら設定した彼女は、残る人生を掛けて伝えなければならない人の道と、何くその気概で自分らしく生きた道を、後進の若人に確実に伝えるつもりだ。それが彼女の見つけた使命であり、生涯を掛けてたどり着いた人間愛という新しい価値であり、生き甲斐なのだ。だからこそ、後に続く私たちは素直に彼女の思いを受け取り、社会の正義と平和を実現するために、それを生かす度量が必要だ。具体的な行動と品性が試されている。

＊1　御便殿：日清戦争時に廣島に大本営が設置された際、天皇の行在所として御便殿が併設された。一九〇九年比治山の上に移築され、原爆で壊滅した。
＊2　アリアンスフランセーズ（Alliance Française）：フランス政府公認助成の団体として、フランス語とフランス文化の推進に供するため、フランス語の講座を開設している。
＊3　森英恵：日本を代表するファッションデザイナーの一人。

（事例12）何度も死にかけたんじゃ（被爆時年齢十六歳、男性）

この男性は（1）直接被爆者として被爆者手帳を取得した。父母、兄弟は全て原爆で亡くなり、彼は一人で生きてきた。助けてくれる人はいなかったし、面倒を見てくれる人もなかった。家も財産も全て失って、寂しいという思いは通り越していた。これまでで一番うれしかったこと……そんなものは思い当たらない。彼の人生に与えた原爆の影響は余りにも大きかった。

この施設に入って二〇数年間を過ごす彼は、「話すことはないよ」と長い間私との面談を拒んできた。医務室のK看護師が勧めても、不安や恐怖にさいなまれた経験を持つ彼は、「原爆の話はしたくない」と機会を与えず、他人との接触を避けようとするまま、何度も跳ね返されたのだった。しかも彼の日課では、午前中の何時間かは施設の周囲を歩くことになっていたから、私との時間調整ができなかったことも面談ができなかった理由の一つだった。しかし彼に身内はなく、この施設へ入園する際にも当時の園長を身元引受人とした経緯があったほどだったから、今後のことを考えて、彼から将来の医療に対する希望だけは聴いておきたいと私は思っていた。その彼が、K生活指導員の熱心な勧めを受け入れて、散歩の後で医務室に来たのは、ある夏の昼下がりだった。カッターシャツのボタンをはずして羽織るように着た彼は、上半身の白い下着が小奇麗に見えた。野球帽を脱ぐと、ごましおの短髪が顔を出した。

面談に付き合ってくれたことに礼を述べた私は、とりあえず「何人兄弟ですか」と質問した。すると質問が終わらないうちから、「何度も死にかけたんで」と彼は言った。そして「父母、兄弟は全部亡くなった。兄弟何人じゃったか……とにかく、一人で生きてきた」と告げた。話の全体像が理解できなかった私は、とっさに、「え、え、どういうこと？」と彼の言葉にすがるように尋ね返した。これまで彼が話したがらなかったあの八月六日の体験談が、不穏なモチーフ然としてすでに始まっていた。

彼は当時十六歳で、大手町（爆心地から一・〇キロメートル：現在の広島市中区）の自宅で被爆したのだった。「原爆で親兄弟は顔がズルズルになって、みんな死んだで。わしは建物の下敷きになって埋まっていたので助かったのよ。でもすぐに脱毛が始まり、歯が抜けたわい。じゃけえ（だから）、細胞が壊れとるんよ」。彼は手足の爪のカビによる変形と変色を私に見せて、もう一度「細胞が壊れとるんよ」と言った。そして「身体が壊れているのだからどうにもならん。歩かないと生命力が消えてしまう。だから毎日一時間以上は歩く。太陽にあたるためよ。歩いたら体のためになるのよ。ほれ、見いや！

（さあ、見て！）」彼は腰からはずした万歩計を私に見せた。総歩数が五四万歩を超えた万歩計だった。私は独りぼっちになった彼が、よくぞ、ここまで命をつないだことだと驚き、ある意味で感銘を受けた。「家も家族も全て失って、寂しいのはもう、通り越していた。助けてくれる人も、面倒を見てくれる人もおらんかった（いなかった）。みんな自分の生活で精一杯よ。何度も死にかけて、生きると言うことは難しいことじゃけえ（だから）的屋の世話にもなったが、そうじゃからと言って、悪いことは全然してないのよ」。私にはそれ以上の具体的なことを尋ねる気力は失せていた。悲しい体験をさらに思い出させることは忍び難いことだったし、彼が大変な環境の中を生き抜いたということだけで十分だと感じていた。彼はそのことを誇ってもいいのだと思っていた。

三十歳代には肺結核のために肺の切除術を受けた。その後、企業で定年まで働いた彼は、原爆で壊れていると考える身体を維持するために、人に頼る発想をきっぱりと捨てたのだった。「親兄弟がいる人は幸せよ。一人で生きてきたわしらは、身体によいことを自分で考えて行わない限り身体が持たないのよ。だから、歩いたり自転車に乗ったりして運動してきたわけよ。場合によっては費用がかかる話で。じゃが（でも）、運動不足になると血液の流れが悪くなるし動脈硬化が進むので、人のことに口出しするような余計なことはせずに、運動を毎日続けてきたわけよ」。自分の発言に納得したように頭を上下に振った彼は、「わしは医者にも行かない。ピンからキリまでの医者の中には、営利に走る者も多い。そんな医者にかかるくらいなら、身体の調子が崩れないように、自分で努力する方がよっぽどええ（いい）」と一気に語って私の目を覗き込んだ。営利が先行する医者は偽善者のように見えたのだろうか、〝生き方、価値観がそんな医者とは異なるのだ〟という彼の自負心を垣間見た気がしたものだ。しかしその一方で「タバコも酒も飲まん。わしが賢いからそうしているわけではなくて、早くから棺桶《かんおけ》に入ることにならないように、仕方無くそうしているだけ。食事は調子が悪くならないように、動物性の脂肪を避けている。健康を保つために自分で勉強したのよ」と生活習慣を律してきたことを直接彼から聴くに至っては、経済観念とは無縁の彼から発せられた「営利に走る」という言葉の違和感は私の脳裏《のうり》から霧消し、そうせざるを得なかった彼の体験と、彼なりに真面目に努力してきた姿を、同情しつつ想像してみたのだった。

彼は自分の人生の満足度を一〇〇点満点の一〇点と述べた。「原爆の影響は大きい」と言うその人生を、独りぼっちで、しかも精神力で頑張ってきたのだ。対面して座る彼の顔から眼を離さずに、私は何歳まで生きたいかを尋ねた。彼は当然のように「百歳を目標にしとる。何のために生きるのかって？　そりゃ、自分のためよ」と真面目な顔で、淀みなく答えた。今後したいことがあるわけでもない。一般的な意味で、人生の目的や生き甲斐がはっきりしているわけでもない。ただ彼は親から与えられた身体をこれ以上傷めないために、生かされた意味を踏まえて病気にならないよう一生懸命努力しているだけなのだ。

「治ることがない病気になったとしたらどこで治療を受け、最期はどこで迎えたいかって？　そりゃ、病院じゃろうの」。彼は病院が嫌で医者に掛からなかったわけではなかった。「悪くなったらやむを得ないから医者を受診するけど、今はその必要性を感じないね」。彼は自分の健康状態を理解しているという雰囲気を漂わせた。その上で、「動けなくなったり、食べられなくなったりしたら、この施設の人が考えるじゃろうし、役所の人が考えるじゃろう」と、まるでそうならないようにすると

図17　人類は核兵器とは共存できない

ころまでが彼の役目だという口ぶりで発言した。ただ肺活量が少なく痰の多い彼は、「気管に管を入れて行う人工呼吸は必要ならしてもらう」つもりだ。肺切除術を受けて以来の呼吸器系の弱点を、彼は認識しているのだ。

今年八十八歳になった彼は、これまでで一番悲しかったこととして「原爆に遭ったこと」をあげ、「正常の人間ならあんなものを落とすことはないよ。原爆は人間と同居できるものではない」と断言してみせた。そして返す刀で「福島原発の事故も国が人のことを考えなかった結果よ。国民が困ることを平気でしてきたのは、政府の偉い人も頭がおかしいのじゃあ（では）ないか」と糾弾した。原爆だけでなく原発事故にしても、人がまともにそこで暮らせなくなったことを直視すべきだと、彼は言いたかったのだろう。

「初めて話したよ。悲しいことは思い出したくないもの」。面談の最後に彼はこう呟いた。その一方で彼の顔は明るく、話したことに満足感を漂わせた。「こういう苦しく悲しい人生を二度と繰り返させないためにも、あなたの体験を教材に、原爆の非人道性を訴えなければならないと思う」と単語の大仰さを感じながら私は語りかけた。彼は対話の内容を文章にして公表することに承諾のサインをした上で、もう一度「何度も死にかけたんじゃ」と言った。戦争体験にしても、被爆体験にしても、最も怖いのは、そこに差別的な意識が生まれることだ[20]。その差別を一人でまともに受け止めざるを得なかった彼にとって、たとえ今の爪の変形が真菌症《しんきんしょう》によるものであっても、あの境遇に追い込み、今に至る道を歩かせたのは間違いなく戦争と原爆であり、一方で彼が運動など体を動かすことに執着して生きてきたのも、経済的に追い込まれ医師にかかることさえできなかった原爆孤児が、〝細胞が壊れた〟身体を守るために、人に頼らず生きるための行為から始まったものだったのだと、私は自分に言い含めた。ただ、その生き方に果敢《はか》なさが漂っているように感じたのは、彼の〝老い〟も進みつつあることを、話の特異性から私の五感が感じ取ったからだろう。やっとたどり着いた平穏な生活を自分の中にこもって過ごす彼は、無彩色だった人生という画板に、やっと赤・青・緑の三原色を散らばらせ始めたところかもしれない。こうして人に世話になることへの壁は以前よりは低くなりつつあったが、原爆に対する糾弾は高まるばかりに見えた。夏の空にはあの日と同じように入道雲が上がり、蝉の音《ね》は休むことなく暑さをかき混ぜ続けていた。

（まとめ：生かされた原爆孤児が歩く原爆古老の道）

生きる過程で「人のことは一切言わん（他人には関与しない）」と述べた彼だった。確かに彼のこれまでの人生では、原爆を糾弾する気持ちを強く持ちながらも、被害者意識を全面に押し出して正義感を振りかざすわけでもなく、考え方の中心に費用対効果をすえるわけでもなかった。弱者をたたき、時には懲罰要求《ちょうばつようきゅう》を突き付けるような、自分の苦悩を人に転嫁することもなかった(23)。その一方で、人の思いや情状を斟酌《しんしゃく》することは彼にはできない行為だったから、別の新たな施設で普通の人間関係を築くことは最初から期待できないことだった。結局、彼は健康を維持するためだけに狙いを絞って、与えられたこの被爆者専用施設で、我流で努力を重ねてきたのだった。

最近、彼は体重減少を自覚し始めた。「人には寿命があり、食欲低下が続くのは生命力が落ちてきて終末期が近いからだ。寿命なのだから病院に行っても治らない。ここ以外行くところがない自分には、ここが我が家だ。それ以上の病態になれば、その時は園長や医者がどうするか考えるじゃろう（だろう）」。両下肢の浮腫も加わり、彼の発言は現実味を帯びつつある。原爆による不安や恐怖の影響を強く受け、他人との接触を避ける彼との面談には、〝もしもの時〟を念頭に置いて、今後の対応を考えようとする私たちの意図があった。将来養護変更を受けて、面識のない病院あるいは介護施設で終末期を迎えざるを得なくなった時の彼の戸惑いや思いと振る舞いを想像すると、医療対応の不可能なこの施設であっても、住処《すみか》としてできるだけ彼の終末期を受け入れざるを得ないかもしれないという思いが、職員間で共有されつつあるようなのだ。だから受けたくない医療としてはどんなものがあるのかを聞いておくことは、当面の医療選択に役立つし、彼の価値観の把握にもつながるだろうと思われた。

今後の共同生活に課題を残す中で、最期までこの施設で彼らしく生きてもらうことを目指しつつある私たちは、まず彼のためにかかりつけ医を探す作業を開始した。状況によっては職員への看取り教育も、今後は必要となるかもしれない。独り一人をその人らしく受け入れ支援しようとする私たちの活動には、本人の意向の把握が必要であり、面談の実施はそれに合致した試みだ。彼の今後に備えて、経済的な整理も必要になるだろう。職員会議では成年後見制度の導入についても議論が起こり始めた。〝チームで支える生涯〟という概念が現実のものになろうとしている。こうした議論が起こること自体、入居者の高齢化と個別化を印象付けるものであり、支援経験の積み重ねを迫るものだ。

〈事例13〉原爆は何をもたらしたのか（被爆時年齢十七歳、女性）

この女性は（1）直接被爆者として被爆者手帳を取得した。男勝りの生き方を貫いた彼女は、これまでで一番悲しかったことを聞かれて「原爆に遭って寝たきり状態になり、家族への連絡の術もなく一カ月も家に帰れなかったこと」と答えた。彼女が自分の人生に満足していない主な理由は、結婚を含めて彼女の人生を、原爆が土足で踏みにじったことに根差している。

昼食は食堂で摂るようにと、私は検食の要請を受けた。T看護師に連れられて四階の食堂に上がると、入口には五階の入園者が、中を覗き込みながら入場の許可が下りるのを待っていた。混雑を避けるために、入居階毎に、食堂への入室時間がずらされているのである。その列の向こうに見える食堂内には、すでに数十人の入園者がそれぞれの席で昼食を摂っていた。私は列を作る人たちに詫びを言いながら先を越して検食のプレートを受け取り、指定された席に着いた。北側の窓に面した四人掛けのテーブルである。主食はちらし寿司で、汁物とサラダを加え、デザートはわらび餅だった。

彼女は偶然、そのテーブルの私に正対した位置に座っていた。同席の入居者と話しながら、すでに半分ほど食が進んだところだった。私の着席を待っていたかのように、彼女は持ち前の大きな声で口をとがらせてこう言った。「国がやったことなのに、原爆で破壊された廣島には何もしてくれなかった。廣島は誰の助けも借りることなく、一人で立ちあがったんですよ」と。顔の左半分にケロイド跡が残り、皮膚が垂れ下がるのを防ぐため（と彼女は言った）に左の額には小さな絆創膏が貼ってある。しかも左目は義眼だ。「ケロイドは顔だけではなくて、下半身や背中など全身にできて、私を苦しめました」彼女はちらし寿司を頬ばりながら話を続けた。「あの日、松原町[*1]（爆心地から二・〇キロメートル・現在の広島市南区）でひどいやけどを負った十七歳の私は、夜、汽車で芸備線沿線の小学校に連れて行かれ、そこで一カ月間、寝たきりだったんです。どこの小学校だったのか、今となってはわかりません。傷にはウジがわいて、多くの被爆者が死ぬ日が毎日続きました」。家族への連絡の術もなく、痛みと絶望の中で時間だけが過ぎた暑い八月だった。たまたま、彼女の出身地から派遣された兵士が彼女を見つけてくれて、やっと家族への連絡が付き、実家に連れて帰ってもらうことができたという。「あれほど悲惨で悲しい時間はこれまでに経験がありません」。彼女は私に理解してほしいという感じで、語尾に力を入れた。

「原爆は人生を変えました。生理は一年位なかったし……結婚……」と言い淀んだ時、彼女の話を聞いていた同席の男女が、それぞれ割り込むように被爆体験を語り始めたので、彼女の話はそこで途切れた。「今の人には分からんよの、わしらのことは」と彼女の隣の男性が話を引き取ると、私の隣の別の女性が「みんな同じようにやられたから、耐えることができたんよね」と当時の心情に思いを巡らして、そのテーブルは一挙に七一年前の殺伐とした空気に変わったかのようだった。目の前の彼女は、デザートを口に入れながら小声でぶつぶつ何か言った。外には小雪が舞っていた。真近で動く彼女の顔の傷跡は、逆光の中でしわが隠してくれているように見える。「顔のケロイドはよく見ないと分からんね」、口を突いて出たのは、見たままの私の感想だった。彼女はゆっくりうなずいて顔を上げた。「以前はもっとひどかったんですよ。でも時間とともに顔のケロイドは目立たなくなったんです。多感な若い時にはひどくて、年をとってから軽快するのですから、ケロイドというやつは性悪ですよ」。隣の女性も当時感じた同じ苦悩を「周りの人はみんな恐ろしがってね。冴《さ》えんかったもんよ（気分が落ち込んだよ）」と表現した。

しばらくの後、私の前でお茶を茶碗に注いでいた彼女が、「仲人には話していたのに、うまく相手側に伝えていなかったんでしょうね。結婚先で、原爆に遭ったことがばれて、パアですよ」と、大仰に笑った。残ったのはそれに続く、短い何とも言えない沈黙だった。被爆者であることが知れた後の虐げられたつらい生活は、戦後二年も経って受け取った父の死亡通知で、一層悲しいものになったという。父が亡くなったのは抑留されたシベリア[*2]の地だった。「国が悪いんですよ。父にしても、廣島にしても、あんな状態にもかかわらず何も欲しがらずに頑張ったのに」。彼女はもう一度、国の責任を口にした。私は彼女ともう少し話したいと思った。彼女の老いの生き方の中で、これから受けるかもしれない医療にどのような希望や思いを持っているのか、そこから見えてくる原爆がもたらしたものは何だったのかを突き詰めてみたいと思ったのだ。

杖をつきながら八十八歳の彼女が医務室に来たのは、館内に職員の手でお雛様が飾られた雨水の日だった。その日、彼女は白黒のチェックのセーターに黒いズボンで、肩から小さなカバンを掛けていた。私と話した後、そのまま外出するつもりらしい。

二〇年近く前、最初に行政の人からこの施設を紹介された時、彼女は一旦入園を断ったという。しかし自分が立ちあげた会社を閉めたこともあって、子供たちに老後のことで迷惑を掛けることはできないと考えた彼女は、結局、一六年前にこの施設への入園を決めたのだった。この施設での生活を「満足しています」と答えた彼女は、一瞬の間を置いて「同室の相手次第で」と付け加えた。今では字を書いたり、歌を口ずさんだり、花壇の世話をすることで心の平安を感じると言う彼女だが、「強情で、一概で、自分の思いは通します。でも原爆には負けますね」と自分の性格を告げて、比較相手に原爆を並べて見せたのだった。「負けませんよ、命をかけてするんじゃけえ（行うのだから）」と彼女に男勝りの人生を強いたのも、必死に育てた三人の子供のうち次男を四十歳代の若さで失ったのも、原爆のせいだと彼女は言いたかったのだと思う。

入園した後に再婚した彼女は「再婚相手が生きた九十歳まではどうしても生きたいけどこ」と語り、最期はこの施設で迎えたいと望んだ。そして今後の医療について「一時的な病気は治して欲しい。病気したら医者まかせよ。胃瘻にしても受けるかどうかは医者にまかせます。でも延命治療はしてもらいたくない。死にかけた時にそれをむやみに伸ばすのは嫌です。ダメな時はさっさと逝きたいの。母は三日間寝込んだだけで亡くなったのですから。もし私の意識がなくなって最期を迎えた時は、私の残した資産は子供たちへやって下さい。墓をみてくれることが条件ですけど」と心にたまっていた一連の思いを彼女は述べた。食堂で感じた、全てを仕方が無いものとして受け入れた被爆直後の話に見られたあの雰囲気はそこにはなかった。自分のことは自分で決めるという思いが彼女の言葉で語られたのだ。「今まで生かせてもらったことが嬉しいのです。もちろん今の体では、これから何か新たなことをするというわけにはいきませんが」と、最後に彼女がこれまでの人生を遡《さかのぼ》り、これからの生き方に言及したのは、この医務室での面談に対する彼女からの感謝の気持ちを次のように伝えたかったためだった。「私の生き様を聴いてもらってよかった。自分の人生を誰にも話さずにあの世に行くのは寂しいし、残したものがあると後味が良くないですもの。明日がわからない私ですから、話した内容は子供たちに伝えたいし、公表してもらって構いません。でも、先生、最期の時までこの施設にいてくださいい。愚痴をしゃべることが必要ですから」。彼女の顔は凛《りん》として、悩みつつ生きてきたこれまでの人生に一条の光を見つけた対話だったように、私には見えた。

（まとめ：七一年という時間軸の始めと終わり）

「時代も悪かったけど、楽しく生きてきたと思ってもらったら大間違いよ。身体中の傷を隠しながら、十歳代の少女が生きてきた苦悩を、どのくらいの人が理解してくれるでしょう」と彼女は私の前で激しい言葉を吐いた。それほど憎んだ戦争と原爆だったが、オバマ米国大統領の広島訪問*3（図18）には「あ

図18　慰霊碑に捧げられたオバマ米国大統領の花束

の人が手を下したわけではないのに、命を掛けて慰霊碑に来たことで涙が出た。原爆は許せないが、私の心は収まった」と彼女は冷静に個人的な区切りをつけようとした。そこには七一年という時間を遡《さかのぼ》ることで、核兵器廃絶への思いと悲劇的な体験への癒しという平和と愛を語る風が吹いていた。その一方で、同じ時間軸上で逆方向を望むと、彼女にはもしもの時への医療に対する意向が求められており、彼女はその場面において受けたい医療を自ら告げることで、これに答えてみせた。同じ七一年という流れ去った時間の中でつかんだ自分らしく生きようとする生き方が、時には原爆に翻弄された人生に折り合いを付けながら、時には医療選択という新たな価値を加えることで、ともに穏やかに彼女の心身をいたわりながら、残された人生を乗り切るために息づいている。「私は生き運があったのだと思う。そしてあの時代を生き抜いたんですから、今の人に比べれば、生きていく力が違うと思います」。あの当時のことを思うと、今の生活に文句をつける愚行はできないと思う彼女は、七一年をかけて自分を磨き、最後まで自分らしく生きることで残された人生に誇りを加えるつもりだ。

病気や障害を持ちながらも日常生活を送る多くの老年者は、比較的元気な時であれば、感情的にも肉体的にも落ち着いて自分のことを考え、語ることができるだろう。だからこそ、自分らしく生きるために、元気なうちから自分の人生を語り、希望や思いを話しておくことを私は勧めてきた。私との面談でその機会を得た彼女は、「話さずにあの世に行くのは寂しいし、残したものがあると後味が良くないですもの」と告げたのだが、自分のことを語る行為は、彼女の心を開放するものでもあった。彼女の語る言葉によって、老いの中の彼女の日常に充実感が付加されたように思えたのは、それが彼女の体験に裏付けられた素直な心情を、七一年間にわたって遡《さかのぼ》るまれな機会だったからだし、面談時の意見の交換が彼女の心の動きに深みを増したことによる結果だったのだと思う。そしてそれは、被爆者の思いが被爆二世の生き方にも影響すると思わせた一時でもあった。

＊1　芸備線：広島市から新見市（岡山県）に至る鉄道路線。
＊2　シベリア抑留：終戦後、旧日本軍捕虜らが、ソ連によってシベリアなどに労働力として移送隔離され、厳寒環境下で満足な食事や休養も与えられず、苛烈な労働を強要させられたことにより、多くの抑留者が死亡した（ウイキペディアより）。
＊3　オバマ米国大統領の訪問についての彼女の意見は個人的なもので、被爆者全体の意見を代表するものではない。

（事例14）周囲の人たちに苦労させた（被爆時年齢十一歳、男性）

この男性は（2）入市被爆者として被爆者手帳を取得した。四人兄弟の長男として生まれた彼は、集団疎開で直接被爆は免れた。一方、被爆時にけがをした父は、酒害のために四十五歳で早世した。ぐれていた当時の彼にとって、一番悲しかった思い出だし、改心して出直すきっかけになった出来事だった。八十三歳まで生きた母の歳に近づく彼は、左眼の視力を網膜剥離《もうまくはくり》で失い、右眼も緑内障の手術を受けた。周りに迷惑を掛けないように老いを気にしつつ、社会が良くなることを願って、彼は生きている。

太平洋戦争末期、十一歳の彼は集団疎開で親元を離れ、広島県の山奥にいた。生来、引っ込み思案で、人の前に出るのが苦手だったから、遊びでも人の後ろを走り回るようなところがある少年だった。広島がピカドン（原爆のこと）で壊滅したらしいという噂が流れて三日後、彼は逸《はや》る気持ちを抑えながら段原（現在の広島市南区）にあった実家に帰郷した。比治山の陰で家屋被害は免れていたが、父はけがのため横になっていた。市内には煙が上がり、同級生の中には亡くなった友も多かった。学校の下敷きになって、助けることができなかったのだと、後から父が話してくれた。

一九五〇年、広島市を本拠地とするプロ野球市民球団、広島カープが設立された。当時の石本秀一初代監督の家が実家のそばだったこともあり、彼は二軍に入れてもらって二年間、野球練習に励んだ。この経験は、苦労をいとわず積極的になったという意味で、性格を変えるものだったと、彼は感じている。しかし技量の限界から二軍を退団した後は、一時的に生活目標を失い、経済的に追い込まれたこともあって、数年間、ぐれた行動に走った。父が酒害のため四十五歳で亡くなったのはその頃のことである。この父の死に、彼は大きなショックを受けた。「これまでで一番悲しかったことは父の死です」と、当時を思い出して彼は語る。心を入れ替え、新たに就職してまともな道を歩み始めた彼は、三十三歳で結婚し一人娘に恵まれたのだった。

一九七五年にはこれまでで一番うれしい出来事があった。〝広島カープの初優勝〟を見届けたのだ。その後、彼は母を亡くしたものの、水道関連の仕事とともに安定した生活を続け、無事定年を迎えたのだった。心身ともに妻が支えてくれたからだ。しかし五年前にその妻が亡くなり、彼は長く住んだ家を出る決断をした。一人住まいの不安がこの施設に入る動機となったのだ。「妻と過ごした思い出深い家も処分するつもりです。あの世には何も持って行けませんから。裸一貫です」。娘に迷惑を掛けないようにという気遣いが、いつも彼の心の大きな部分を占めている。彼は今年八十二歳になった。紫陽花《アジサイ》が梅雨に濡れる日、彼はセーターにズボン姿で医務室にやってきた。これまでの人生を透見して、今後の医療についての思いや考え方を、私の質問に答える形で話すためだった。

彼は自分の人生に対する満足度を一〇〇点満点の五〇点と表現した。「原爆の影響が多少あるし、戦後非行に走った時期もあったから」と彼はその点数について理由を述べた。そして「周囲の人に苦労させた生き方でした。後悔ばかりしていますよ。坊主頭になったのはそのためで、人生に対する懺《ざん》悔《げ》のつもり、最後のお詫びです」と、いがぐり頭を撫でまわした。

カテーテル治療を受けたことがある彼は、「持病があるから」と理由を付けて、当面の生きる目標を八十七～八歳に置いた。命にかかわる病気になったとしたら、かかりつけの病院で治療を受け、そこで最期を迎えるつもりだ。将来、認知症になる不安がないわけではないが、その場合には娘が彼に代わって思いを語ってくれるに違いない。だから最低限、「延命治療はしたくない」という気持ちだけは、娘に伝えておかなければいけないと思っている。これは亡くなった妻も強調していたことだ。もちろん娘は話の端々に、「長生きしてほしい」と親思いの気持ちを口走る。親子の情を確認できてそれはそれで嬉しいのだが、彼としては何もできないのに生かされるのは嫌だし、結果的に娘に迷惑が掛かることだけは避けたいのだ。正直なところ、具体的にどんな医療が娘に迷惑を掛けることになるのか分からないこともある。だが、少なくとも私が尋ねた胃瘻については、「もういいです。しません。たとえ死ぬことになっても仕方がないです」と直感的に望ましくない医療に入れてしまったし、気管に管を入れて機械で呼吸を維持する人工呼吸管理についても、「二週間ならしますが、人工呼吸器を外す見通しがない時にはしません」と告げたのだった。

八〇パーセントの国民が望んでいないにもかかわらず、わが国で延命治療が行われてきた理由を、宮本ら(24)は五つあげている。その中で患者本人が関与する理由として唯一指摘したのは、〝自分はどのように死んでいきたいかを家族に知らせていないこと〟だ。ちなみに残りの四つの理由には、人工呼吸管理中に植物状態になるなどして人工呼吸を中止できなくなった場合（中止した場合、医師は殺人罪に問われかねないことがある）や、訴訟の危険性がある場合、そして〝自分は受けたくないにもかかわらず、物言わぬ老人には行おうとする〟医療者や家族の倫理観の欠如と、医療界で続いてきたわが国の延命至上主義が列挙されている。彼は雨に濡れる紫陽花《アジサイ》が見える医務室で、自分のこととしてどのように死んでいきたいかの一部を語り、それを「普通に話せました。この対話は自分にとってはよかった」と言ったのだった。

「新しい人生が別に用意されたら、どんな人生を送りますか」と尋ねた私に、「社会に貢献できる、そんな人生」と彼は短く答えた。気持ちの入った返事だった。若い頃から周囲の人たちに苦労を掛けたという彼の思いは、原爆で生かされたにもかかわらず、ぐれてしまったという行為への反省と後悔から生じたものだったと思うが、彼は偽善に走ることなくその思いを人生の倫理的な主柱に置いて、彼らしく前向きに身を処する賢さにつなげたのだった。そしてそれとともに、戦争や原爆に伴う社会の破壊と混乱という当時の社会背景がそうさせたものでもあったから、社会を良くするために尽くすことは常に彼の本望となり、逆に社会や最愛の娘に迷惑を掛けることだけはどうしても避けたいものとなっていた。人生の最終段階でのいろいろな医療の選択もその思いを踏まえたものだった。

被爆者の考え方を知らせるために、彼の人生を外部に紹介してもよいかと尋ねた時、彼が快く承諾してくれた理由のかなりの部分を、社会を破壊し人の尊厳を奪った原爆を告発したいという思いが占めていたことは間違いないだろう。

面談の最後に私は、「広島カープの優勝を祈って」と言いながら、聴取した内容のコピーを彼に手渡した。彼は大事にそれを受け取り、「そりゃ、大丈夫でしょう」と笑った。私はこの面談で聴いた思いや意向を基に、彼の気持ちを折に触れて確かめていくつもりだった。

（まとめ：社会の中で生きるということ）

定年で仕事に区切りをつけて以来、それまでと違ってどこにも属することのない、ある意味で社会との結び付きの乏しい生活を続けてきた彼だった。その彼が、新たな人生があったらという仮定の話とは言え、自分の生き方として再び社会との結び付きに思いを馳せたことは、この成熟した世の中における社会の持つ重要性に気付いていたからだろう。かつての、原爆により破壊された社会が尾を引く時代こそ、彼にとっては不良化という悔やむ体験の時代だったのだが、それが与えた生き方への影響を反面教師として、最終的には社会に「貢献すること」に価値を求める彼の心境につながったのだった。具体的な当てはないにしても、人生の終着駅が近づくこの地点で、様々な考え方を持つ人々との出会いを大切にしながら、社会に恩返しを図ろうとするその心意気は、彼の人生に自律性と積極性を与え続けるものとなるはずだ。それは日々の生活に充実感をもたらし、彼は納得できる人生を探しながら、その姿勢を受容し続けることだろう。そう考えるだけで、語り合った私たち二人のいる空間が心豊かに変貌する思いだった。

（事例15）あの世はある（被爆時年齢二十歳、女性）

この女性は（1）直接被爆者として被爆者手帳を取得した。廣島市の方向へ向いた窓ガラスは全て壊れ、飛散を防ぐために斜めに張られた絆創膏にガラス片がぶら下がっていたあの日、彼女は被爆者となった。しばらくして脱毛が始まり、その後、下肢にできものを繰り返すようになった。被爆後一五年経っても、障害がある子が生まれるといううわさ話が気になって、子供の将来を守るために被爆者手帳をもらうことに躊躇《ちゅうちょ》したものだ。あれからもう五五年余りが経つ。

彼女の夫が慢性呼吸不全の増悪で私の外来を受診したのが、彼女ら夫婦と私の付き合いの始まりだった。故郷《ふるさと》である県境の小さな町に、彼らが東京からUターンして一～二年経った頃のことで、今から二〇年も前のことだ。大気汚染関連の障害に長く苦悩してきた彼女の夫は、その時から私を主治医として在宅酸素療法を始めることになったのだった。自宅での療養環境や療養の実態を把握するために、私は休日を利用して彼女の夫を自宅に訪ねた。小雪が舞う寒い日だったが、お寺の前の彼女たちの家には、吹き下ろす風を遮断するような老夫婦二人の暖かい気持ちと触れ合いが溢れていた。彼女は「天井の高い、木の家が好き」と言った記憶があるから、その家も天井が高い農家のたたずまいだったような気がする。その後しばらくして、彼女の夫は七十六歳で亡くなったのだが、「苦しむことなく、病院で臨終を迎えた」夫の最期を、彼女は殊のほか喜んでくれたものだった。

夫の死で彼女との関係は一旦途切れた。そしてその間に、彼女は県境の小さな町から広島市近郊に居を移した。彼女一人になった上に、雪が舞い込むようになった住居環境を心配した子供たちが、広島に転居するように勧めたからだった。転居には同意した彼女だったが、迷惑を掛けるのを恐れて子供たちとの同居には逡巡した。その時、タイミング良く助け舟を出してくれたのが夫の妹だった。マンションや一軒家に住むことは考えず、介護施設に入る選択肢があることを説いたのだ。

こうして広島市近郊の介護施設に移った彼女に、時を置くことなく顕在化してきたのが、夫と同じ息切れなどの慢性呼吸不全の症状だった。彼女は迷うことなく私の外来を訪れた。そして私の指示で彼女も在宅酸素療法に取り組み始めた。彼女が八十二歳の時だ。安心できる療養環境として、平素は介護施設のそばで開業するかかりつけ医に経過を診てもらいながら、節目で私の外来を受診して病状をチェックし、酸素療法に伴う副作用や器具の動きなどを確認するという体制の構築を、私は彼女に提案した。かかりつけ医となってくれたのは、私の学生時代からの友人だった。こうした体制は私が定年のために病院を辞職するまで約七年間続いた。

退職して病院から離れた私は、同級の友にまかせきりになった彼女のことが気になりながらも、彼女と連絡を取る理由もなく、いつの間にか半年が過ぎていた。十月中旬、私は彼女から季節の挨拶状を受け取った。文面には「チョコリ、チョコリと反核運動を筆でしながら、体調はボロボロでございますが、酸素だけを頼りに、ゆっくり、ゆっくりとやっております」と伸び伸びとした達筆でびっしり近況がしたためてあった。懐かしさもあって電話を入れた私に、「また老人についての医者の本音を、私に教えてくださ い」と、かつて地方新聞に載った私の記事を引き合いに出しながら、彼女は訴えた。被爆者の人生の語りの中で、将来受けるかもしれない医療についての希望や思いを聴きとめる面談を試行し始めていた私が、彼女から人生の語りを聴くことを決めたのはこの時だった。

一週間後、面談のために彼女の施設に向かう途中で見たスマホニュースには、その日（二〇一五年十月二十日）が美智子皇后の誕生日であることにちなんだ、陛下からの平和を願う思いのこもった文章が掲載されていた。「戦争で、災害で、志半ばで去られた人々を思い、残された多くの人々の深い悲しみに触れ、この世に悲しみを負って生きている人がどれ程多く、その人たちにとり、死者は別れ

図19　自分で考え、自分で判断する

た後も長くともに生きる人々であることを、改めて深く考えさせられた一年でした」。陛下と同じ時代を生き、多くの悲しみにも触れ、それを背負って今を生きている彼女は、どのように自分らしく生きようとしているだろうか。

施設の前の桜の枝についた葉は、すでに紅葉し始めていた。彼女は正面玄関を出たところで私の到着を待っていた（図19）。セーターの上に上っ張りを羽織り、酸素ボンベを持っていた。大きく曲がった背骨が私の手掌の下で彼女の過ごした年月を伝えてくれて、その分、背は私の脇までも届かない。介護保険の申請はしたのだが、未だに〝要支援〟にとどまっていると言う。動くことができるかどうかが介護度の判断の重要な鍵となる介護保険では、たとえ酸素を吸って動かなければならない状態であっても、少しでも動くことさえできれば介護度の評価に与えるその影響は大きくはないのだ。「ここ二年間はすごく物忘れがひどくなり、何もしたくなくなった」と呟く彼女の部屋で、私はパソコンの扉を開けた。

彼女の父は農業高校を出て養蚕を教えていたが、彼女が一歳の時に結核で亡くなった。母もやはり三十七歳で結核のために死亡したから、彼女を七歳年上の姉とともども育ててくれたのは、役場で働いていた祖父母だった。十七歳になって、仏教系の高等女学校を出た後、彼女は事務員として陸軍被服支廠の寮[*1]に入った。場所は海田市（現在の広島県安芸郡）にあった。そこから広島陸軍被服支廠本館（現在の広島市南区皆実町）まで、連絡に通う日々だったという。

原爆が落ちた日は月曜日で、彼女たちは連絡のために朝の七時四五分に事務所を出発した。木炭三輪車で大州街道を廣島方面に向けて蟹屋町（爆心地から三・〇キロメートル：現在の広島市南区）まで来た時、ピカッと強い光が走り、すぐ、真っ黒い埃が周囲を包んだ。音は聞こえなかった。車を止めてしばらくしたら、道端の草や近くにあった工場とブドウ畑から火が出て、前進することができなくなった。仕方なく海田市の事務所まで引き返したのだが、不思議なことに廣島市へ向いた側のガラス窓は全部割れていたという。「廣島市内の人は家に帰りなさい。大変なことが起こっているようだから、残っている人はおにぎりを作って備えなさい」というのが指揮官の大尉から出た指示だった。

夜になって、陸軍被服支廠海田市倉庫を管理していた職員の息子二人が事務所にたどり着いた。ズルズルに背中が焼けただれた十二歳と十六歳の中学生だった。ハエもいなかったのに、その時すでにウジが湧いていたのには驚いたと彼女は言う。扇風機にタオルをかけて風を送り、「水が飲みたい」という求めに応じて水を飲ませてやる一方で、すぐ倉庫係に掛けあって薬とチンク油一瓶を手に入れた。これが、彼女の生涯にわたって影響を与え続ける、二十歳の八月六日だった。

その後、「廣島市内へは行くな」と言われていたので、敗戦となった八月十五日まで市内に入ることはなかった。書面上は八月二十日に被服支廠を退職となったのだが、九月三日までは事務所で過ごした。連合国軍の占領に備えて、毎日防空壕で書類を焼く最後の仕事が残っていたからだった。

親の住む県境の小さな町に帰ったのは、九月五日だった。当初、被爆によるけがも体調不良もなかったものの、十月になると髪が抜け始めた。祖母が「原爆のせいだ」と言ったのを彼女ははっきり覚えている。幸い、十二月を過ぎると脱毛はおさまったが、戦後一〇年間ほどは両下肢にできものを繰り返した。

二十三歳の時、彼女に縁談がもち上がった。しかしこの結婚話は、「彼女は原爆に遭っているので障害を持った子ができるかもしれない。なかった話にしてくれ」と言う相手方の申し入れで、程なく破談になった。当時自分でも、放射能によって胎児に障害が起こるかも知れないと思っていた彼女は、「結婚はどうするの」と女友達に聞いたことがある。友人は困った顔で「何が起こるかわからんけえ(分からないから)、仕様が無いね」と運を天にまかせるような返事をしたものだったが、その後、不安をあおるような報道も消え、「そんな心配まですることはなかった」と二人で笑ったという。こうした経験の後、彼女は二十八歳で夫と恋愛結婚した。彼女と同じ頃に結婚した夫の妹が「私が先に子供を産んでみるけえ、あんたはちょっと子供を作りなさんな(作らないで)」と言ってくれたらしいが、程なくして彼女は二人の元気な男の子に恵まれた。だが、〝放射能による障害を持つ子の話〟はその後も長く気になった。三十六歳まで被爆者手帳をもらわなかったのは、子供の将来を守るために被爆した事実を隠したいという気持ちが働いたためだった。当時の情報の乏しい社会の中で、若い被爆者が不安にさいなまれながら苦悩していた状況がうかがい知れる話だった。

彼女のもう一つの気がかりは、体が弱い夫のことだった。戦後の栄養状態の悪い時代でもあり、夫は喀血を繰り返した。夫が左肺の摘出手術に踏み切ったのはこの頃のことだ。当時は医学的にも経済的にも大変な手術で、家計を支えるために、彼女は三十七歳まで布団屋で縫物を続けることになった。

「放射能は色も形もにおいもない。それをばらまく核（兵器）は人類と共有できない」と諭す森瀧市郎(8)と出会い、大いに影響を受けたのは彼女が四十歳代のことだった。社会的に発言する重要性を学んだ彼女は、「ピカドンはいけん（いけない）と思う。核を使うことも、戦争もだめ」と公言するようになった。

一九七三年のオイルショックは、彼女たち一家に思わぬ影響を与えることになった。商売に失敗したのだ。彼女たち夫婦は仕方なく子供たちのいた東京に移り、夫の戦友の紹介で住み込みのマンション管理人として働くことになった。彼女が五十四歳の時である。就職には身元を確認するための多くの要件が必要だったが、与えられた仕事と環境はとても恵まれたものだったと言う。おかげで、故郷に帰るまでの一四年間を、いろいろな資格を得ながら、精神的には落ち着いた生活を送ることができた。こうした経験から彼女は、「何かの縁で付き合うことになった人は大切に」という信念を持つようになった。

二〇一一年、福島第一原子力発電所事故を目撃した彼女は、「核は人間とは共存できない」という森瀧の言葉を再び思い出した。「福島では六五年前の廣島と同じようなことが起こっている。平和産業と言われるものでも、原子力は使わん方がええ（良い）」と原子力発電にも反対する運動に手をあげたのである。

九十歳を過ぎても社会の動きに反応する、こんな自分の生き方を振り返って、「一生懸命生きた」と彼女は思う。その一方で日本社会も、若い人たちの考え方や生き方が変化してきたと感じている。昔は少しの物をみんなで分け合い、着物や道具にしても何年も大切に着たし、使ったものだった。すぐに使い捨てたり、食べ物を粗末にすることはなかった。今ではその使い捨て文化によって、工夫することや協調すること、技能を高めることなどを自分から放棄しているように見える。「これだけ何でもそろった世の中になるとは思わなかった。でもその分、人間が薄っぺらになった。すぐ音を上げるし、キレるし、嫌だと言う」。その生活スタイルや道徳スタイルは、米国の模倣《もほう》がもたらしたように思う彼女は、「何でもアメリカの右にならえと言うのはいやじゃ」と心の中で吠えることになる。物の豊かさを追求する社会より、心の豊かさを大切にする社会が求められるべきだと思うのだ。

慢性呼吸不全で死亡した夫をそばで見てきた彼女は、自分も在宅酸素療法を受ける立場になって、かなり病気が進展してきたと、ここのところ感じるようになった。七年前に在宅酸素療法を始めた時、主治医だった私が「六～七年は大丈夫だろう」と言った言葉が、彼女の心の支えとなって今日まで来た。その意味でも限界に近いと感じざるを得ない九十歳の彼女は、もういつ最期の時がやってきてもいいと思っている。もしもの時が来れば、「私が病院について行く」と言ってくれたかかりつけ医がすぐ駆けつけてくれるはずだ。覚悟は決まっている。たとえ意識が無い状態になっていたとしても、子供たちや医師が的確な判断を下してくれるだろう。その時の願いは延命治療だけは御免だということだ。これから新たにやりたいことはないのだから、「ただ生かされているだけの延命治療はいやだけど、痛みとしんどさだけは何としても取ってもらいたい」と彼女は願う。

改めて具体的な治療について思いを語るように私から促された彼女は、「胃瘻は絶対やらん。鼻からチューブを入れて行う栄養投与もいや。ちょっとした点滴でええんよ（良いのだ）」と嚥下障害時の栄養ルートについて希望を述べた。思い出せば夫が最期の時を迎えようとしていた時、胃瘻や、気管に管を入れて機械で呼吸を維持する人工呼吸をしようとする動きは、家族にも医療者にもなかった。それらの手技や治療が、夫の望んでいなかった医療であったことを、周りにいたみんなが知っていたからだ。「自分の肺と心臓でいけんようになったら（望ましくない状態になったら）、何もせんでもええ（良い）。こんなに生きられると思わなかったのだから、十分よ」。彼女は夫と同じように苦しみだけを取ってもらって楽な最期を迎えたいのだ。

「ご縁は大切にするし、人を大切にする」と繰り返す彼女は、たとえこの世を旅立つことがあったとしても、「あの世はある」と強く信じている。この世とあの世とはつながっており、それに区切りをつけるような行いに見える散骨は、だから反対なのだ。この世に生まれて九〇年。世界で初めて投下された原爆の惨禍を目の当りにして、多くの人々に会い、多くの人々と別れた。「口だけは元気だけど、歳をとったものです。でも何事もまっすぐにやってきました」彼女は両手を合わせて、手の先を私に向けた。

彼女との面談は二時間に及んだ。体調を気遣って何度か休憩を提案したが、彼女はそれを無視して質問に答え、話し続けた。話の筋も、出てくる人間関係も、彼女から物忘れを感じさせるものは見当たらなかった。「このような取り組みはええと思うよ。私みたいに本を読むのが好きな者は、こういう面談がうれしいんよ。先生、私たちを題材に早く本を書いて下さい」、私の力量を買い被った彼女はうれしそうに告げた。自分の生き様を自分の言葉で語ってみせた彼女には、人に助けられながらも一生懸命生きてきた人生を振り返ることで、最後まで自分らしく過ごしたいという気持ちがあふれてきていたように思う。

時間が伸びたことから、施設のそばで開業する友人のかかりつけ医に声を掛けて帰るだけの時間は残されていなかった。帰宅後、私は電話で立ち寄れなかった不義理を、彼に詫びた。友人は急患の往診から帰ったばかりだと告げた後、私の定年で、以前私が勤めていた病院の敷居が高くなってしまったと苦笑した。私は彼女への今後の診療を頼みながら、彼に支えてもらった七年以上の時間の重さに感謝した。電話を受けたことを素直に喜んでくれた友人の声は、「ご縁を大切にする」と言った彼女の思いを、私が代わって体現させてもらった反照のようだった。

（まとめ：原爆放射線が及ぼす世代を越えた影響）

「何でもアメリカの右にならえと言うのはいやじゃ」と告げた彼女の心の底にあるものは、たとえ物の豊かさはなくても本質を見極め、不安に漂うことなく自分で考え、判断したことは必要に応じて社会に問い、人の支えに感謝しながらお迎えが来ればいつでもあの世に飛び込もうとする、心の豊かさに立脚した彼女の自律の思いだ。どちらが得かなど雑念に左右されることなく、生かされている限り自分の価値観や人生観にしたがって、生を大切に極めるつもりなのだ。[22] 卒寿を過ぎた彼女にとって、人に迷惑を掛けず、あの世を信じて*2最後まで自分らしく生きるための常に遵守《じゅんしゅ》すべき道となっている。

被爆者の今はこうして自律することで独自の人生模様を描くが、改めて一皮むけば、被爆の影響を気にしながらの日常でもある。だから彼女も原爆の理不尽さに憤る気持ちは強い。ただあれだけ心配した子供や孫への被爆の影響が、現時点では認められないとする疫学データ（放射線影響研究所における原爆被爆者の子供に関する調査）には、感謝しながら手を合わせるばかりだ。被爆からの七一年を超える時間は、世代を越えた被爆の影響が心理的に淘汰[*3]されるのに費やされた時間だったのかもしれないと彼女は思う。と言うわけで、長寿を重ねることができた彼女の体験や子供や孫の良好な健康状態は、暗に人間の頑強さ、生命の適応力[*4]を表わしているように彼女には思えるのだ。将来、示される疫学データの結論がどのようなものになろうとも、うろたえるようなものではないと、彼女は自分に言い聞かせている。

がんや遺伝的疾患の発症という遺伝子変異[*5]に伴う次世代への被爆の影響があるかどうかは、被爆二世である私個人にとっても、他人ごとでは済まされない問題だ。被爆後一〇年間までの被爆早期の時期を中心に、被爆二世への影響を疑う報告が散見されるという。この状況下で私自身が、今、この課題に心理的な折り合いをつけられるかどうかは、本書の主題とは離れるものの、私の生き方に多少なりとも影響する重要な点だ。そこで確認しておきたいのは、現時点までに世代を越えた被爆の影響で疫学的に証明されたものはないという点と、将来の医学的な結論がどのようなものになろうとも、それによって私や被爆者につながる若い世代の人たちの、人間性や人格、そして人生が否定されるものではないという点だ。その上で風評被害からもこれらの人たちを守るために、何が分かっていて何が分かっていないのかを医学的に明確にすべきだし、根拠のない不安や偏見ははっきり打ち消さなければならないと思う。さらに、次世代シーケンサーの導入によって、今後は今以上に遺伝子検索が行われる環境が提供されるはずだ。医学的にも倫理的にも新たな展開が予想される。すでに、一部のがん細胞でみられる遺伝子変異には、それに焦点を絞った分子標的薬《ぶんしひょうてきやく》が創薬され治療効果を上げているし、がん家系にあるとして遺伝子検索の結果を基に、予防的な臓器の摘出術を受ける人まである。将来にわたってこの分野で得られた所見は個人情報の厳重な保全とともに、いろいろな思惑が入ることは避けなければならないが、生じた遺伝子変異には対応できる希望があるということだ。基本的には与えられた人生を自分らしく生き抜くことでこの問題に折り合いをつけようとする私は、自分にしかできない人生を作り上げる具体的な行為を重ねながら、最後まで自分らしく生きることの意義を考えようとしている。

＊1　広島陸軍被服支廠：旧日本陸軍の軍服や軍靴を製造していた。

＊2　宗教家は老年者の精神環境に近いところで活動するという意味で、人生の語りを聴く活動においても重要なチームの一員にみえる。しかしこうした活動での協働が可能かと問うた仏教僧に対する個人的なアンケート調査では、〝将来の医療設計も人生設計の一部であり可能だ〟とした者が三九パーセント、〝医療者の仕事であり宗教家は別の立場から悩みや課題に対応することになる〟とした者が同じく三九パーセント、〝協働することは困難〟とした者が四パーセントだった。（二〇一五年九月調査）

＊3　淘汰：環境や条件などに適応するものが残存し、そうでないものが死滅する現象（広辞苑）。

＊4　生命の適応力：傷ついた生体分子を分解排除し、同時に生体システムの機能を維持する相補的な生体分子が合成される動的平衡によって、生物学的に機能が保たれ秩序が維持されるシステムの存在に注目が集まっている。放射線による障害に対しても、こうしたシステムの役割を含めて解明が進められるだろう。

＊5　遺伝子変異：細胞の核内の遺伝子に傷がつく（変異）と異常なたんぱく質が作られるようになってがんなどの疾病が生じる。この変異を調べる機器が次世代シーケンサーで、この遺伝子変異に対応した薬が分子標的薬である。

（事例16）普通で平凡な生活（被爆時年齢十四歳、女性）

この女性は（1）直接被爆者として被爆者手帳を取得した。原爆で母・弟・妹を亡くした彼女は、その後に父も失い、残された弟や妹の親代わりとして一生懸命頑張ってきた。そのせいか、ここまで本当に長い時間をかけてたどり着いたと思う。失ったものも多いが、自分ではあまり深く考えないようにしようと心がけながら、前を向いている。

「自分の性格はどんな性格だと思いますか」と医務室で私に聞かれた彼女は、「のんきだけど……わからんです、どんなのか」と頭を掻いた。丸顔でショートカットの、今年八十五歳である。「趣味は……なんでもやるけど、ものになったものは何もないですよ。詩吟・民謡や、そうね……友達と映画や芝居にも行きますよ」。明るく笑顔で答えた彼女は、今のこの落ち着いた生活の中で、自分にとって心が休まるのは「嫁が良くしてくれるから、孫も加えて一緒に旅行する時かな。私、息子よりも嫁さんに人生を預けているの」と気持ちの一端を覗かせた。

彼女は六人兄弟の長女として生まれた。「将来のことはあまり考えていなかった」と言う子供時代は、疑うことなく軍人さんのお嫁さんになるのだと信じていたし、弟は予科練（海軍飛行予科練習生）を目指して心身を鍛えていた、当時はそういう時代だった。

彼女が被爆したのは女学校の二年生の時で、十四歳だった。学徒動員中だったのだが、その日は偶然にも休みで、楠木町の自宅（爆心地から二・〇キロメートル：現在の広島市西区）にいたのだ。母が一番下の妹だけを連れて、白島町（現在の広島市中区）の親戚宅に出かけた直後だった。一瞬のうちに家の下敷きになり、近所の人がやっとのことで引き出してくれた時には、打撲や切り傷を負っていたという。以前からもしもの時には、安佐郡の安《やす》（現在の広島市安佐南区）に逃げることに決めていたので、親戚たちとともに身一つで出発し、六日の夜は途中の新庄（現在の広島市西区）の竹やぶで寝たという。一～二日経てば母も帰ってくるだろうと思ってそこにとどまってみたものの、母と一歳すぎの妹、そして学徒動員に出ていた弟は、結局、帰って来なかった。残されたのは年少の三人の妹や弟と、そして彼女だった。幸い父と再会できて廣島市内に戻ってからは、周囲の木やブリキを集めて、実家があった場所に掘立小屋を建てて住むことになった。小屋と言っても、ただ雨を避け、風が吹けば新聞紙を貼ってしのぐ、そういう類のものだった。食べるものもなかった。毎日、三歳の弟が母を慕って泣き、途方に暮れた中で一緒に死のうかと思ったことさえあった、追い詰められたつらい日々だった。

戦後は、弟や妹をまともに育ててやらなければという気持ちが支えになって、母親代りの日が続いた。こうした中で、彼女はさらに悲しい日を迎えることになる。二十三歳の時に父ががんで亡くなったのだ。この悲しみを癒してくれたのは、配管工をしていた夫との出会いだった。父を見送ったその年に二人は結婚し、子供をもうけて、新しい人生を歩み始めたのだ。「これまでの人生でうれしかったことは」と聞かれた彼女は、「子供が生まれて学校に行くようになり、家を建てることができたこと。平凡なことをうれしく感じるのです」と語っている。

安定して幸せな時間が再び曇ったのは二〇年前だった。まだ六十歳代の半ばだった夫が亡くなったのだ。「生来健康だった夫が、『風邪をひいた』と言うので診てもらったら、すでにがんの末期で、わずか一カ月で亡くなったのです。夫の体調の不良に早く気が付いていればと、私にはショックが大きかった」と彼女は自分を責める。そのためか、自律神経失調症にもなった彼女は、夫の三回忌の法事を行うことができなかった。

あの三歳で被爆した弟が原爆症で亡くなったのは、それからさらに一二〜三年経ってからのことだ。思いの深い身寄りを失う中で一人住まいを続けてきた彼女は、寂しさを晴らす選択肢として、ちょうど二年半前、この施設に入ることにした。子供は反対したが、「あんたの人生だから、入ってだめなら家に帰ればいいじゃない」と背中を押してくれたのは母親代りに面倒を見て育てた妹だった。入園の日、彼女は嫁に、「私が死ぬ時は、延命治療はしないでそのままで見守るだけにしてちょうだい。戒名はもらってあるので家族葬で静かに送ってね。法事はしなくていいから」と伝えたという。「仕事で忙しい息子に言うよりも、信頼している嫁さんに言う方が確実」ということだったらしい。

高血圧やＣ型肝炎で病院に通う彼女は、最期の時もその病院で迎えることに決めている。良く知った医師の下で、安心なのだ。八十八歳になれば、みんなが米寿のお祝いをすると言ってくれているから、そこまでは頑張って生きるつもりだ。嫁に伝えた人生最終段階での医療に対する希望は、きっと息子にも確実に伝わっているに違いない。医務室の私には「自然に、普通に診てくれたらそれで十分」と平然と語ったものだ。「自然に？　普通に、って？」と問い直した私には、「胃瘻なんか、もうええですよ（必要ありません）。静かに眠るように逝かせてもらえたら」と真顔で答えたし、「機械で呼吸を維持する人工呼吸のような、長々とするような治療はどうでもいいの。みんなに迷惑だし」と否定的な返事をした彼女だった。

「高い希望を持っていたわけではなかったの。どちらかと言えば行き当たりばったりの人生だったけれど、でもよくここまで生きてきたと思う」と自分を褒《ほ》める彼女は、たとえ新しい別の人生が与えられたとしても、「普通で平凡な生活をするわ。原爆のない、のんびりした生活を」と語る。原爆で多くの人が普通の死に方さえできなかった当時のあり様を念頭に置いた彼女は、寺の守《もり》も「私がする」と言い切った。

「先生だから素直に私の人生の話をする事ができました、抵抗なしに。こんな人生でも人の役に立つのなら、どうぞ利用して下さい。家族にも、ここの職員にも感謝して、入園者の皆さんに習いながら、これからも元気で過ごしたい」。彼女の締めくくりの言葉は人への配慮と安堵感で満ちていた。それは彼女が、身内の者を順に見送ってきた人生を語ることで、もう一度その時代を生き直し、自分なりの整理ができたと感じたからだろう。そして、将来の受けたい医療、受けたくない医療に言及して、ある意味で生きる安心感の一端に触れた彼女は、趣味や旅行に時間を使うことで彼女流に〝老い〟を楽しみつつ、これまでのように一日一日を大切に生きるつもりだと思う。自分の人生の満足度は一〇〇点満点の五〇点と言うものの、その積み重ねが彼女を最後まで輝かせるに違いない。

（まとめ：将来に向けての洞察力）

彼女の原点には原爆がある。「行き当たりばったりの人生だったが、平凡なことをうれしく思う」と述べた彼女だった。「一生懸命頑張ってきた」と語る彼女は「失った物も多いけれど、自分ではあまり深く考えないようにしようと心がけながら前を向いている」とも述べた。原爆で生じた理不尽な出来事を突き詰めても、苦しさだけが残るばかりだという思いが、自分ではあまり考えないように心がける行為となり、「行き当たりばったりの人生」という自己評価とともに、人生の満足度も一〇〇点満点の五〇点にとどまることになったのだろう。母や弟、そして妹が普通の死に方さえできなかったあの悲劇を前にすれば、どのような平凡なことでも普通に推移さえするならば、その有難みを人一倍感じることになるということなのだ。戦後のどの年代においても、彼女は多くの人に支えられながら、その場その場の自分の価値観で道を切り開いてきたはずだ。度重なる身内の者を襲う疾病に心を砕かれながらも、長い時間をかけてたどり着いたのが八十五歳時の、「よくここまで生きてきたと思う」との感慨だった。私たちが行ってきた面談には、思い出で慰められ、それぞれの語り手にそう言わせるほどの人生に対する達成感を生む力があったし、そこでの最後まで自分らしく生きるという目標は、将来に向けての生き方への洞察力にもつながるものだった。歳を重ねて〝よくここまで生きてきたし、生かされたと感じる〟その思いや達成感から、そしてそう感じた時点から、その人の本当の人生の最終段階を生きる気力が生まれる、そんな気さえ私はするのだ。改めて、生きてきたこと自体が尊いと思う。

（事例17）姉がいたから今がある（被爆時年齢十三歳、男性）

この男性は（1）直接被爆者として被爆者手帳を取得した。三人兄弟（姉、弟）の長男として生まれた彼は、建物疎開の学徒動員中に被爆した。これまでで一番悲しかったことは両親、特に遺体を見ていない母と、どこで死んだのかもわからない弟の死だ。姉や家族をはじめ多くの人に支えられて生きてきた彼は、がんになっても自分に対する天命にしたがい、与えられた人生を素直に生きようと決めて、気弱になることはなかった。

一年ぶりに病院の相談室で会った彼は、少し年を取ったように見えた。口数の少ない彼に、改めて「自分の性格はどんな性格だと思いますか」と尋ねたその答えが、「楽天的。考えても仕方がないから」というものだった。私のそれまで持っていた気遣いの行き届いた彼の印象とは少し異なる回答だったが、思い返せば、三〇年も前に彼の左肺に腫瘤ができた時にも、当時の副院長が「手術しないといけんでしょう」と治療方針を話したのを聞いて、手術するという覚悟をその場で即決した彼だったから、〃そんなものかも〃と受け入れて通り過ごした私だった。付け加えて言うならば、あの時の副院長の説明に驚いて来院した姉と妻に、「私も手術を考えたい」と説明をしたのが主治医だった私で、以来、彼とは大方三〇年にわたる付き合いになる。彼は今年、八十二歳になった。

定年後、被爆者の人生の語りを聴き始めた私は、店を経営しながら病院の近くに生活の場を持っていた彼にも話を聴かせてもらおうと、久しぶりに会えることを楽しみに、電話で面談の承諾を得たのだった。茶色のセーターと濃紺のズボンで現れた彼は、事前に伝えた面談の趣旨を念頭に置いて、「これまで人に話したことはないんじゃけえ（ないのです）。ありのままを話せばええんじゃろ（いいのでしょう）？」と彼の役割をまず確認した。私は、「話したくないことは飛ばしてもらっていいし、自分の話せる範囲で結構です。私の質問に答える形で進めましょう」と椅子を勧め、対面する位置に腰を下ろしたのだった。

性格が楽天的だと言う彼の言葉を真に受けた私は、楽天的に過ごすことができれば人生の生き方だって、〝つらいことでも考え方や対処の仕方によっては、うれしいことや楽しいことに変わることがあったかもしれない〟と安直な考えを口にした。彼は考えながら、「うれしいということ……は、ないですよ。母が亡くなったといっても、実際に遺体を見たわけではない、親がそんな死に方をしているので、何でも冷静に見るというか、感情が伴わないというか、あるがままの状況を受け入れて生きて来ただけですよ。……でもそうやって平凡に生きて来たというのが、本当はうれしいことなのかもしれませんね」と答え、そしてもう一度「平凡に」と付け足した。〝楽天的〟が文字どおりの意味ではないことと、その気持ちにはいくつもの葛藤があったことが、〝平凡〟という単語からもうかがわれた。

彼は三人姉弟の真ん中で生まれ育ち、被爆時は十三歳だった。商売をしていた実家は大手町（現在の広島市中区）にあった。八月六日のあの時間、彼ら中等学校生は比治山橋のたもとの広場（被爆距離一・七キロメートル：現在の広島市南区）に集合して、建物疎開作業で壊した家を片付けるための作業が始まる合図を待っていた（図20）。突然、周囲がピカーと光って、その後でドーンと大きな音がしたので、

図20　現在の比治山橋東詰

焼夷弾が落ちたのかと思った瞬間、周りの建物が崩れて周囲は埃で真っ暗になった。防空壕に飛び込んできた同級生の服に火がついていたのを彼はよく覚えている。二〜三〇分ほどして外に出てみたら、再び青空が見えたという。

けがのなかった彼は、橋を渡って友達と自宅のあった大手町方面に帰りかけようとした。廣島市内がたった一発の爆弾で破壊し尽くされたとは思ってもいなかったので、帰って川にでも遊びに行こうと思っていたのだ。ところが道中で、寝巻を着たような格好の多くの人が、皮膚の垂れ下がった手を前に伸ばして逃げて来るのに出くわすようになった。「お兄さんたちはどこへいく?」とその一人に聞かれて、「わしらは大手町の家に帰るんよ」と答えたら、「火の海であっちに行くのは無理だ」と言われてしまった。改めて廣島市の中心街を望むと、確かに火事と煙がひどい。彼らは家に帰るのを一時諦めて、取り敢えず逃げてきた人々の流れに乗って、黄金山の下にあった学校まで引き返すことにした。その途中だったか、近所の叔父さんに会った。彼はそこで「お父さんは逃げてくるが、お母さんはだめじゃった（亡くなった）」と母の訃報を伝え聞くことになった。午後五時頃、やっと学校までたどり着いた父が、「お前は、今晩はこの学校で寝なさい。わしは知り合いに頼んで寝る場所を借りるから」と言ったので、その晩は別れて夜を過ごすことになった。

翌朝、再会した父から、姉は元気だが母や祖母は家で亡くなり、弟は袋町小学校で死亡したと聞かされた。彼は当時を振り返って、「特に、死んだところを見ていない母と、どこで死んだのかもわからない弟の死は、人生で一番悲しい記憶だ。骨もどこにあるかわからないなんて……」と感情を押し殺して語った。その後、姉と合流した彼は、父に連れられて安佐郡（現在の広島市安佐南区）にあった親戚の家まで歩いたのだが、途中で通り過ぎた自宅周辺は焼け野原になっていた。五日間親戚宅に世話になった彼らは、さらに県境に近い知り合い宅を頼って、三人で汽車に乗った。ところが目的地について間もなく、父の身体には紫色の斑点が出て衰弱が始まった。こうして八月十五日に原爆症で父が急死するまで、あっと言う間の出来事だった。残された彼は姉とともに孤児になったのだ。ただ、あの当時はそんな環境下で生きる子供たちが多く、彼にはまだ姉が一緒にいたこともあって、切羽詰まった特別な感情は持たなかったらしい。ありがたいことに、彼や姉には原爆症が出ることはなかった。

父の死を受けて廣島市内に帰った二人は、頼み込んで姉の勤め先の上司の家に間借りすることになった。「姉がいたから、現在の自分がある」と彼が呟く生活が始まったのだ。その後、近所の世話役が仲人になって、十八歳だった姉が結婚し家を持ったことから、彼もそこに転がり込み、義兄に協力して今に続く商売を手伝うことになった。彼が結婚したのはそのしばらく後のことになる。妻と二人で三人の子供を育て、その子供たちの成長する姿は彼の商売にとって苦労を乗り越える糧になった。

助け合いながら生きてきた姉は七十九歳で死亡した。自宅で看取った最期だった。彼ががんの手術を受けたのはさらにその後のことである。体重は七一キログラムから四八キログラムまで一気に落ちたが、家族の支援を受けがんと告知されたことで、自分なりに覚悟を決めることができて、気弱になることはなかったと言う。あの原爆の中で生かされた彼は、それが天命だと信じ、それからの与えられた人生をあるがままに素直に生きようと試み、たとえがんに蝕まれた身体であっても、振り回されることはなかったのだ。つらい抗がん剤の副作用にも耐えた彼は、これから経験するかもしれない病気や医療について、「心配していない」と語った。「医者にまかせているし、自分自身、深く考える方ではない。何年生きられるかわからんけど、最期のお呼びがくればそれに合わせて逝きますよ。もう平均以上生きましたから」と平常心で将来の運命に向き合うつもりだ。

彼は姉にならって自宅で最期を迎えたいと思う。その時も「是非、告知はしてほしい」と願う。そして「その時にならんと延命治療を受けるかどうかはわからんが……」と、治療の方針はまずは主治医にまかせる気なのだ。だから胃瘻について聞かれた時も「その時にならにゃ（ならないと）分からん。主治医の先生がやらなきゃ、ということならやることになるんじゃろうね」と答えたし、主治医が人工呼吸の適応があると診断したのなら「従順なんじゃけえ（なのだから）、やりますよ」と受け入れるつもりだ。その場合、意識が無い状態であれば彼に代わって「妻と子供が判断する」流れを想定するのだが、「彼らにそんなことを頼んだことは、まだない」のだった。

彼は自分の生き方を振り返って「あまり深く考えないんですよ。そうしないと生きていけない気がして。ケセラセラです、なるようになると。突き詰めていく生き方でなかったから、今まで来られたのではないでしょうか」と与えられた道を自然体で生きてきたことに、改めて気が付いたような発言をした。姉夫婦に助けてもらい、子供や妻がいたことが彼の生きる支えになったことは間違いないことだったが、深層での心理に頭を突っ込まないことが平穏な精神状態を保ち、普通の生活を続けるための必要条件だったのだ。だからこそ彼は、「楽天的。考えても仕方がないから」などと理由付けることで、今日まで自分の人生の話はしてこなかったのだと、私は合点《がてん》がいった。理不尽極まりない出来事から発した彼の深層の心理には、溶岩をたぎらせた火口のように、感情を抑えきれない、そして触れられたくない禁断の領域が今でも隠れているのだと感じたし、深い彼の悲しみがそこには溜まっているはずだった。思い出したくない場面に触れなければならないかもしれない私との面談に、私を信じ、義理立てて参加してくれた彼の気持ちを思うと、感謝以外の言葉は見つからなかった。

「はじめて話したことばかりです。ありのままで真実の話ですからね。先生の研究や書籍に出してもらって結構です。感想?……特にないです」。面談を終えた彼は表情を変えずに、妙に慇懃《いんぎん》に告げた。

私は自分の頭に手をやって、「もう一度別の、新しい人生を歩めるとしたら、どんな人生を送りますか」と話題を変えた。彼は少し考えて、「まず性格を変えたい。A型人間で今まで真面目にやってきましたから。もう少しおおらかに冒険もしてみたいし、今までとは異なる姿勢で生きてみたい。これまでと同じことをしても、面白うないからね」と表情を崩した。何となく他人行儀で心に秘めたものがあるように見えたそれまでの表情がこの笑顔でかき消され、いつもの柔らかい彼の雰囲気に変わっていた。

（まとめ：まず、行うべきこと）

両親を原爆に奪われ、人に助けられながら姉と二人で極限を生き延びた彼は、目の前の与えられた道を素直に自然体で歩いた。先のことはあまり考えずに、一日一日を確実に過ごしていく、という生き方はこうした理不尽な経験から自然と身についた彼の生き方だったのかもしれない。互助の有難みを感じつつも、当初は将来を考える余裕はなかったに違いない。姉にしがみついて生きた時代を経て、自分の生活が落ち着いてからも、生かされた運命を信じて、あるがままの状況を受け入れて生きてきた彼だった。ただ戦争の愚かさは骨身にしみるほど感じていたはずだし、それを始めた国家権力への憤りは覆い難いものがあったに違いない。しかしそうであったとしても、生かされた彼にとってのまず行うべきことは、父母や弟の分まで着実に歩み続けることであり、それを使命として、また義務だと信じたのではなかったか。その道を突き詰めて考えた挙句、観念的に中断することなどはあり得ないことだったはずだ。その真面目な彼の生き方を理解して受け入れ、物事の本質に向かって前に押す力を与えたのは彼の妻であり、彼の家族だったようだ。

その生き方は病気への彼の対応からも見て取れた。告知によって病気の正体を見届けた彼は、父母や弟の声（と彼は感じていたと私は思う）としての医師の指示にできるだけしたがってみて、最終的に治療ができないという判断が下れば、素直にそれも受け入れようとするものだった。状況に合わせて自然体で生きようとする彼の愚直なまでの生き方は、厳しい環境下で彼が獲得した最も抵抗の少ない生き方だった。それを続けることで慢性的な不安を取り除き、隠された悲しみを癒すことにもつなげたはずだ。

〝過酷だったこれまでの人生を総括して、最終的には行きつく先に思いを致す〟、そんな様子で私の要望を受け入れて、積極的には話したくはなかったはずの人生の語りを、彼は淡々と話した。私はそれによって想像以上の近い距離感で、敬意を持って彼の人生を追走することになった。彼の誠意に答えるために私に残された課題は、私の内面に響く彼の声をどう生かすかということだ。自分に正直に生きる先でたどり着く彼の願いは、人が人として大切にされる世の中の実現であり、戦争や核兵器のない平和な社会の構築だ。最後まで自分らしく、与えられた人生を自然体で生きるという行為を続けることで、一生を掛けてその願いに近づこうとする彼は、深層に貯めた涙を拭おうともしない。妻や家族を守らなければいけないと心に決めた彼には、最期の時まで感情に流される時間や余裕はないのだ。目標に向かう彼の行為を見守り、評価し、ともに歩もうとする私の、熱意と人間性が試されている。

（事例18）本当はとてもよく似た二人（妻：被爆時年齢五歳、女性　夫：被爆時年齢九歳、男性）

夫婦はそれぞれ（1）直接被爆者として被爆者手帳を取得した。あの日、妻は飛来したＢ29を弟と見上げていた。その時夫は、自宅で木を切って薪を作っていた。二人にとって、人の温もりのある普段通りの日常はそこまでだったかもしれない。原爆の破壊から今に至る二人の生き方や考え方を眺めると、そこに見えて来たものは自分らしく自律を求めて、一生懸命生きてきた二人の姿だった。それにもかかわらず彼らは長い別居生活に陥り、最愛の子供の死まで経験しなければならなかった。

二人姉弟の長女として誕生した妻に対して、十人兄弟の末っ子で生まれた夫、この世に生を受けた順番は確かに二人では異なっていた。しかし彼らは似たような幼少期を送った。妻は二歳の時に、夫は五歳の時に、それぞれ父を病気で失ったのだ。そして戦時下の一九四五年八月六日。あの暑い夏の日、彼らは現実の地獄に遭遇した。

尾長町（爆心地から二・八キロメートル：現在の広島市東区）の路地で弟と遊んでいた妻は、上空に飛来した二機目のB29を見上げたその時、悪魔の光を受けた。五歳になっていた彼女は、一瞬意識を失った後、爆発直後の真っ暗になった町の中を、山に向かって逃げた。しばらく状況を見定めて山から下りてきた彼女は、人としての尊厳を失った多くの被爆者が、延々と、そして黙々と逃げて行く、異様で恐ろしい光景を見た。原因不明の下痢と吹き出物を繰り返したのは、あの日の出来事によるものだと小さい心は気付いていたが、本当の意味で放射線による障害について彼女が知るのは、ずっと後になってからだった。

同じ日、九歳だった夫は、自宅（爆心地から一・二キロメートル：現在の広島市中区）の下敷きになった姉たちが炎に飲み込まれるのを、見殺しにせざるを得なかった。火炎を受けても動こうとしない母を急き立てて、川に逃げたことを記憶する彼は、「なぜ戦争を早く止めてくれなかったのか、悔しい。食べるものも戦うものもない中で、最後まで戦争貫徹と叫んでいた〝馬鹿ものたち〟の行動が悔しい」と声を荒げて感情を吐露する。

その二人が運命に導かれるように結婚したのは、妻が二十一歳、夫が二十四歳の時だった。東京がアジアで初めてのオリンピック開催地に決まり、彼らは一人息子の成長に新しい時代の幕開けを感じていたはずだ。しかし、夫婦二人を中心にした小さな家庭の温もりに幸せを求めた妻と、「多くの家族の中で生活したい」と多世代家族に寄り添って生きる中で喜びを見出そうとした夫との仲は、徐々に見えない間隙を生むこととなっていく。妻から見た夫は、家庭の中になかなか入って来ようとしない連れ添いに見えただろうし、夫から見た妻は、個人を優先し世間のしがらみに苦しむ連れ添いに見えたことだろう。どちらが悪いという話ではない。生きることに執着せざるを得なかった時代の宿命もあって、戦後の時間の流れは、互いの心の機微を置き去りにする非情さを兼ね備えていた。その上、あの日から一五年以上も経って、被爆者の染色体に傷を付けた原爆放射線は、白血病という表現形で姑《しゅうとめ》である夫の母の命を奪ったのだった。被爆者としての宿命とは言え、当時の夫の落ち込み様は想像に難くない。一方で、声をかけてこの事態を二人で乗り越えようとするだけの余裕は、妻にはもう残っていなかったかもしれない。そして二人が五十歳代になった時、彼らの人生にとって決定的な事件が起きた。息子が自ら命を絶ったのだ。突然襲った精神的な深い傷は、諦めと後悔の中でお互いへの思いやりと会話を奪ったはずだ。それまでの生き方の違いと、時間が作ってしまった壁が、二人の距離を遠ざけたまま、徒労感の中で近づくことを許さなかったのだ。

別居したまま七十歳代を迎えた二人は、人生を振り返ってそれぞれの心境を次のように語る。「生きるのはもういい。新たな人生があったとしても、二度と人間として生きていこうとは思わない」と突き放す言い方で総括するのは妻。「生きるのは限度。有縁の人が亡くなった場所で生きていかなければならなかった。希望を持ちながら、多くの家族の中で生活したかった」と叶わなかった理想像に言及するのは夫。生きることに後ろ向きな発言をする二人がそこにいる。

妻は将来を見越して遺言を書いた。「もしもの時には病院で苦痛は取ってもらいたいが、植物状態になった時は一切の生命維持装置を止めること。今の状況では、実家の墓にも嫁ぎ先の墓にも入ることは困難だと思う。どちらにしても迷惑を掛けることになるから、医学に役立つように献体したい。そうすれば葬儀も墓の心配もいらないはずだ」という内容だ。「自然のままで、臨床の経過だけを診てもらえればそれでいい」。今後身に降りかかる病態は、そのままの形で全てを受け入れるつもりだ。どういう理由があろうと、胃瘻も、機械で呼吸を維持する人工呼吸も、延命治療につながるような気がして、彼女は受けるつもりはない。

一方、生きる目標を尋ねられた夫は「限度だと思う。生きる意味を見出せないのだ。苦しみや痛みがなければそれで十分で、延命的な発想は必要ないし、望んでいない。胃瘻だって望まないし、人工呼吸も望まない。もちろん蘇生してまで生きようとは思わないから、たとえ適応があったとしても、除細動器[*1]は使ってもらいたくない。自分の身体に起こる出来事は、そのまま素直に受け入れるというのが自分の望みだ」と答え、仏壇の引出しに〝延命措置は望んでいない〟と書いた紙を入れていることを明かしたのだった。二人のこれから受けるかもしれない医療に対する希望は、「自然にまかせて、

図21　多くの小・中学生、高校生が平和学習で広島を訪れる

延命治療は拒否」、「生じた病態はそのまま受け入れる」と同じ発想に行きついていた。

色のない人生の荒波の中で、妻も夫もそれぞれ一生懸命生きてきた。あとは生かされる限り、あるがままに生きて、〝人間としての倫理観と本質を見失うな〟という最も大切に思う伝言だけは自分たちの使命として、若い人へ確実に伝えるつもりだ（図21）。「こういう人生の物語には生きるためのヒントが隠されているはずだ。それによって自分の考え方を残しておくことは私の使命だし、そうでなければ後をまかされた甥が困るだろう」と妻は甥への配慮を語る形で人生の語りを評価したし、一方で夫は「戦争と原爆、この愚かな所業を繰り返してもらいたくない。私の思いを押し付けたくはないから自分の意見は言わないけれど、平和学習[*2]で来広した中学生・高校生たちには『集団的自衛権がなし崩し的に独り歩きを始めたことについて考えよう』と問題提起している。若い人たちには自分のこととして、私の体験を考えてもらいたいのだ」と自制しつつ告げたのだった。

最後に、二〇一六年五月二十七日のオバマ米国大統領の広島平和記念公園訪問[*3]に対する二人の感想や意見を紹介しておきたい。二人はともに、文明の転換点[25]と評されたこの大統領の訪問を前向きに評価した。妻は「核兵器のない国々が世界に広がるという意味で意義あることであり、日本の若い世代のためにも良いこと」と今後に視点をおいてその理由を語り、夫は「戦争の実相を確認してほしいから」と原点を見つめる視点を理由に挙げた。その上で二人は、米国大統領からの謝罪を求めようとはしなかった。「戦争の原因については日本側にも重い責任がある」と妻は言い、夫は「戦争を始めた人の謝罪は必要だが、それ以外の人の謝罪は必要ない。戦争とは殺すか、殺されるか、ただそれだけのこと。日本だって毒ガスも作っていたし、目くそ鼻くその話だ」と割り切った言い方で、謝罪すべき人は他にいることを指摘したのだった。

　歴史と現実を直視して、大統領の訪問を未来につなげようとする二人の姿は、生きることに後ろ向きな彼らの発言とは一線を隔すものに見えた。それだけ自分たちの体験を社会のために広い視野から見直そうとする姿勢に転じた二人だった。「広島への訪問は日本国民が一番希望していたと思う。この行動によって核兵器のない国々が全世界に広がっていくと思う。若い世代には、核兵器のない世界を守り続ける気概を持ってほしい」と妻は将来への自分の気持ちを表現し、夫は「世界の為政者も日本の為政者も原爆資料館に足を運び、戦争の実相をよく見て焼き付けておいてほしい。日本人だって戦争を知らない人が多くなった」と戦争や核兵器を否定する思いを、若い世代に引き継ぐ気概を内に秘めて語り終えたのだった。

（まとめ：寄り添い傾聴することでいいのか）

私の周りを遊びまわる二人の孫と同年代の時に、彼らは被爆したのだと考えるだけで言葉を失うばかりなのだが、ともあれ、二人の人生を眺めてきた私にとっては、彼ら二人が、本当はとてもよく似た生き方・考え方をする二人なのではないか、と思わざるを得なかった。似た環境で育ち、原爆で大きなショックを受けた二人は、似た者同士で結ばれたにもかかわらず、その後の過酷な人生模様の中で別の方向を向かざるを得なかった。その延長線上にある人生の円熟期から最終段階に近づく日々を、今、別々に歩く二人の思いは、「生きるのはもういい」あるいは「生きることはもう限界」という、ともに厳しいものだった。だから、身に降りかかる病態はそのままの形で受け入れ、その流れの中で自然な形で最期を迎えられるような必要最低限の医療を望んだのだ。

終戦真際から戦後の社会の大きなうねりの中で、翻弄されながら自律を求めて一生懸命生きてきた二人の、どこがどう間違っていたと言えるだろうか。お互いが「自分の生き方を押し通そうとする」協調を許さない生き方しかできない状況に追い込まれていたのか。たとえそうであったとしても、二人の人生の流れの中で誰がそれを正せただろうか。彼らを見ていると、愛と隔たりは表裏一体のように見える。そして行きつく臨終の時までを、自然の形で過ごすことを願う二人に対して、同情を排して客観的に見つめ続け、医師として記録していくことが、これからの二人の人生に敬意を払うことになると私は感じた。いたずらに励ますことで、彼らが生きることに新たな価値を付加するようには見えなかったのだ。

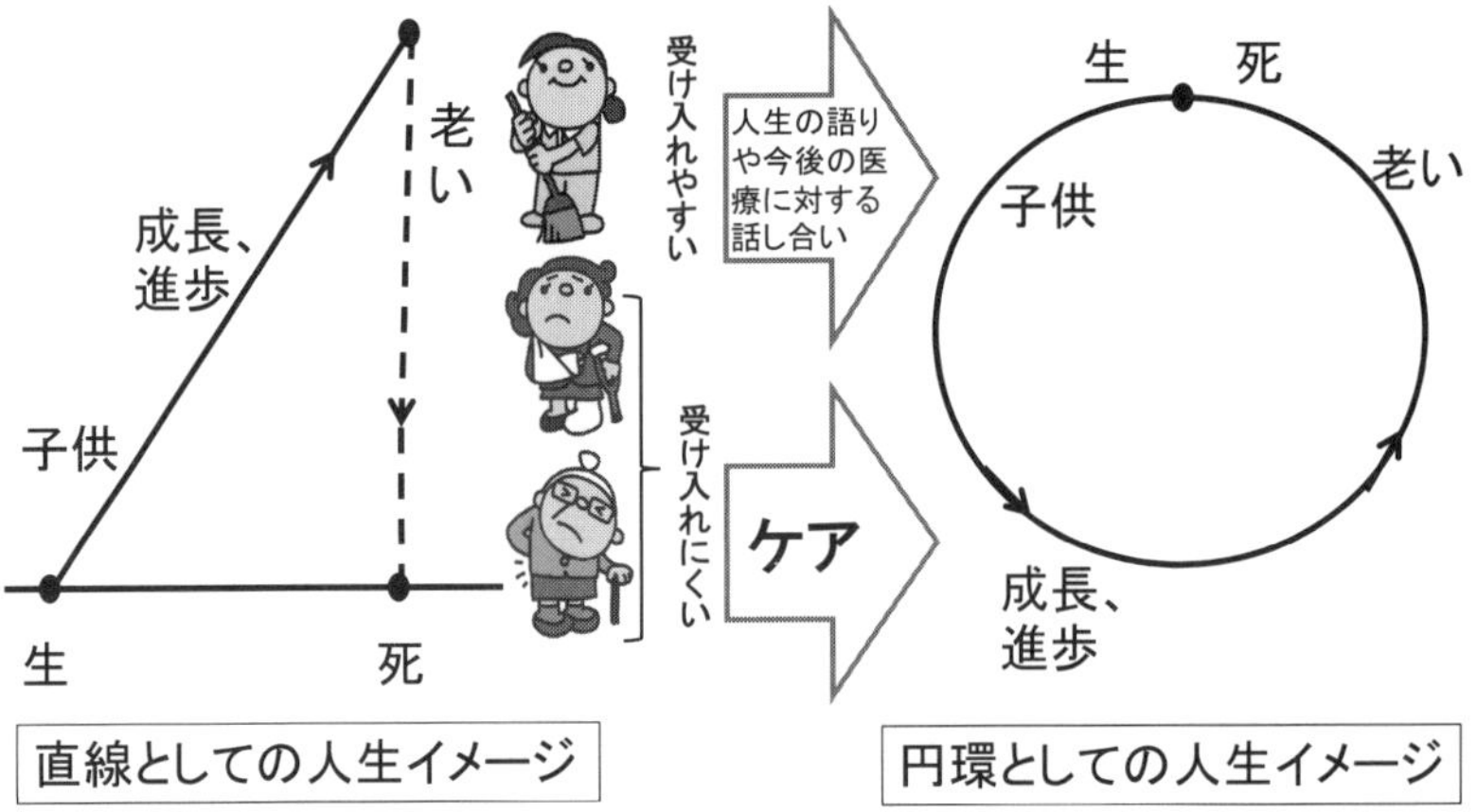

図22　人生の語りや今後の医療に対する話し合いによって変わる人生のイメージ

人生における老い、終末期、死の“直線としてのイメージ”は、外的な要因としてはケアによって、内的な要因としてはもしもの時の医療について（ACPの手順にしたがって）話し合い考えることで、“円環としてのイメージ”に変化する可能性がある。　（広井良典[26]一部改変）

かつて広井[26]は、人生における老化、終末期、死のイメージを図22のように提示した。図左のイメージは成長、発展で象徴される〝直線としての人生イメージ〟である。この人生イメージでは、老化は成長や発展からの脱落、死はその先にある無であるとする。成長過程を生きる若い人たちには右肩上がりのイメージしやすい図かもしれないと広井は言う。一方、老年者や障害者には受け入れにくいことだろう。しかしその直線としての人生イメージを持つ老年者であっても、介護や看護を含むケアが加わることによって、その老年者の持つイメージは図右の〝円環としての人生イメージ〟に変わり得ると彼は指摘する。そこでは老化は人生の円熟期として、死はその先にある人生の完結とされるイメージだ。

　ではここに紹介した二人は、自分たちの人生のイメージを、今、どのように感じているだろうか。現時点で前記の二つの人生イメージから選ぶとするならば、彼らはそれぞれ、直線の人生イメージのピークを越えて墜落する中途にいると感じているような気がするのは私だけだろうか。だからこそ二人は、これまでの人生は甘んじて受け入れざるを得ないにしても、今後迎える死を少しでも人生の完結としての死に近づけるために、これからの道中は彼らが使命と考える若い世代への生きるための提言や忠告を続ける道にしたいと願っているという気がするのだ。

そこで広井が語るように、人との接触を伴うケアという外的な活動要因が加わることによって、直線のイメージが円環のイメージに転換できるのであれば、〝生きる安心感としての、人生の語りや今後の医療に対する希望や思いに基づく話し合い〟という独自の内的な活動要因が加わることによっても、直線のイメージは円環のイメージに転換されることが可能になっても良いし、なり得るはずだと私は思う。それは第四章で述べるアドバンス・ケア・プランニングを行うことで可能になると言い換えても良い。私との面談のように、医療者や周りの人と価値観に基づく対話を重ねることができれば、人生のイメージは直線のイメージのピークを越えて墜落する中途からこの円環のイメージへと変化し、人生の円熟期としての老化を経てあの精神的な故郷である人生の終焉《しゅうえん》に向うことにつながるはずだ。それはスピリチュアルペインに対しても穏やかな癒しに通じる、円環としての人生イメージの真髄だ。

〝人生の語りや、今後の医療に対する希望や思いに基づく話し合い〟という個別の内的な活動によって、直線のイメージから円環のイメージへという人生イメージの転換が生じ得ると考えることができれば、医療を含む人生への〝事前の意思表明〟の意義が一層明白になり[18]、それによって最後まで自分らしく生きる自律の道が、老いの中で新たな価値を持って確立されることになるだろう。そう考える私だからこそ、じっと二人に寄り添い傾聴することがまずは取るべき態度だと認識しつつ、それでも敢えて、「いつも気にしている」と命に敏感な二人に伝えたい気持ちを自覚するし、彼らの今後を支援し続けたいと思う心の疼きも、身体の中でたぎっているのだ。

＊1　除細動器：心停止の際に、電気ショックで心室細動を治し、心機能を正常化する医療機器。
＊2　平和学習：小・中学生や高校生に対して、被爆者が自分の体験を通して平和の大切さを伝える試み。
＊3　オバマ米国大統領の訪問など政治的な動きに対する彼ら二人の感想や意見は被爆者の意見を代表したものではない。

（事例19）生きられるだけ生きてみたい（被爆時年齢十四歳、女性）

この女性は（2）入市被爆者として被爆者手帳を取得した。彼女は自分の人生や生き方を、ある意味で運命だと思ってきた。戦争が終わっても夫が亡くなるなど、子供を育てるだけで精一杯の生活の中、無我夢中で生きてきたからだ。悲しいと思うような暇はなかったのだ。子供たちのために生きた彼女の努力は、分別ある立派な社会人に育った子供たちとして結実した。

約百名の被爆者が日常の生活を送るこの施設では、毎年十月になると、入園者が日々修練した技能を披露し、評価を受ける文化祭が催される。陶芸をはじめ、書道、華道、切り紙細工など、製作された作品が一堂に並んで、今年の作品展も例年と同じく、近くの病院関係者や町内会長、婦人会の会長など近隣の名士が招待された。ちょうど同じ時間帯に、入園者のインフルエンザワクチン接種を行う予定が入っていたことから、私はその招待者に同行はできなかったが、鑑賞後の諸氏の発言はお世辞だけとは思われない指摘が多かった。そこで、名士を交えた入園者の昼食会までの待ち時間を利用して、予防接種を終えた私はT看護師と二人で、館内に展示してある作品群を見て回ることにした。

飾り付けられた展示室には、「あの人がこれを作ったの！」と日常のふるまいからは想像できなくて驚くような出来栄えのものがあるかと思えば、「これは彼らしい趣だね」と納得するようなものや、「よくまあ、こんなに細かい作業を続けて……」と重ねられた努力に感心するものなど、見栄えする作品が制作者名とともに並んでいた。その中で、ふと、私たちは「感銘」ならびに「福」と筆が躍る二幅の軸の前で足を止めることになった（図23）。制作者が先日亡くなった八十四歳の入園者だったからだ。彼女は一カ月と少し前のある日、風邪を引いたと訴えて病院を受診し、そのまま入院となった。「元気そうに見えたのに……」とT看護師が呟いたように、周囲の者は成り行きを楽観視していたのだが、予想に反して全身状態の悪化が急速に進み、多臓器不全で亡くなったのだった。この軸を書き上げた時、元気だった彼女は何に感銘し、何を福と感じたのだろう。

彼女が入園したのは二年前だった。自宅で一人暮らしを続ける中で、将来の安心を求めたのが入園の動機だった。私は彼女と医務室で話をした半年前の情景を思い出していた……。

図23　書を通して感性に語りかける彼女の声は、人生や医療選択を語り合った私の心の中で生きている

「趣味は？」と聞いた私に、「習字、読書、旅行」と答えた彼女は、その中でも習字は一番自慢できる特技だと言ったし、旅行先でいろいろな書を見学すると、心が休まると語ったものだった。その彼女の思いのこもった書が、ここに彼女の生きていた証として、みんなに別れを告げるように展示してある。

　あの時の面談で、私は彼女の人生の一端に触れ、いかに彼女が苦労して今日に至ったかを知った。広島県の中央部で育った彼女は、十四歳の時、被爆直後の広島に救援に入り、被爆した。多感な思春期にあった彼女は、その体験を通して感じることが多かったようだ。「いろいろな被爆者の人たちの介護をしながら、気の毒に思ったことがたくさんありました。戦争は嫌です」とはっきり語っていたものだ。

　その後、二十歳代になった彼女は、亡くなった実姉の〝後入《あとい》りさん〟として結婚生活を始めた。一人息子を出産した彼女は、姉が残した二人の子供を加えた三人の子供たちの母であった。忙しく生活の中心で家計のやりくりに追われながらも、若さで充実した日が続いていたに違いない。しかし運命はあまりにもいたずら好きで容赦をしないものだ。彼女が二十八歳の時、頼りの夫が急死したのだった。

悲しみを癒す暇もなく、彼女は生活を守るために寮の管理人として働き始めた。「子供を育てるだけで精一杯で、悲しいと思うような暇はなかった」と語った日常の中で、「子供たちがいたことは大変でしたが、幸いでもありました」と子供たちの存在を生きがいに、無我夢中で生きてきたのだ。ただ、舅《しゅうと》など支えてくれる家族の存在は、彼女にとって大きな力となったらしい。だからあの医務室での面談でも、その人たちへの感謝の気持ちを何度も繰り返した彼女の記憶が、私にはある。彼女は自分の性格を「控え目だし、のんきで、その一方で勝気です」と評した。我慢強く全体を眺めながら、柔軟に、かつ必要な時には積極的に対処したことが、戦後の荒波を乗り切ることができた背景にあったようだ。「子供たちが成長し、そして三人みんなが結婚してそれぞれの家庭を持った時、一生で一番うれしい時を迎えたと思いました」と、性格の上に積み上げられた努力の成果を振り返りながら語っていたものだ。

あの面談時、私は彼女に、もしもの時の対応についても聞いていている。

彼女は「生きられるだけ生きてみたい」と、長生きすることを願った。「人生を楽しみたい。これまでは大変な人生だったから、ゆっくりしたいの」と思い出を巡らしながら、将来への希望を述べたものだ。子宮筋腫の既往がある程度で、高血圧もコントロールは良好だったから、左背部の痺《しび》れに対応しながら彼女の余生はまだまだ続くに違いないと、私は安易に期待していた。彼女自身もこの施設に入って、「慣れるまでは大変だったけど、今は大丈夫です。やります」と生き抜く意欲を見せていた。

一方で彼女は、人生の最終段階に至ればこの施設のような介護施設で最期を迎えたいと願った。たとえ意識が無くなったとしても、実の息子と育ての息子がちゃんと医療選択や医療者との情報共有に当たってくれると、安心していたようにも見えた。あの時、私は仮定の話として、脳卒中で呼吸障害を起こし、食事がうまく飲み込めなくなった意識障害者のシナリオを聞かせた。そして「こんな時、あなたは栄養補給のルートとして胃瘻を作ることを選択されますか。また呼吸もできなくなったとしたら、気管に管を入れて機械で呼吸を維持する人工呼吸を受けられますか」と尋ねたのだが、彼女は直ちに「歳だから、そんな病状になることは仕方がないでしょうが、治療という話になると、もうそんな治療はええよ（いらないよ）」と、襲いかかる病態は受け入れながらも、治療は望まないという自分の考えをはっきり述べていた。それは被爆の影響を受けて到達した考えというよりは、年齢や家族環境を考慮に入れて、もしもの時の治療に自ら一線を引いた結果に見えた。

彼女は希望に反して、この施設ではなく病院で亡くなった。しかしその折にも、私との対話によって確認された彼女の意思は、病院での最終段階での医療の選択に反映され、一方でこの施設に対しても必要な情報が正確に適宜伝えられるという、節度をわきまえた子息方の行動が見られた。その意味で、彼女が語った希望や思いは、ちゃんと子供たちに伝わっていたと思う。私が両親や弟の死後に感じた「あれでよかったのだろうか」という思いは、彼女の遺族にはなかったと信じたい。あの面談を終える時、彼女は次のように話して席を立ったものだ。「先生とこんな話ができるとは思ってもいなかったし、そんな機会を計画してもらって感心しています。最期の時を考えなさいと言われて、その通りと思いました」。

彼女が望んだほどは、余命は残っていなかった。しかし、もしもの時に備えて希望や思いを考え、身近な人に伝える、そしてそれが将来の生きる安心感になると話した私の行為が、目の前に展示されている彼女の書いた「感銘」の中身に加味されているのであれば、彼女は最後まで自分らしく生きようと試みたに違いないし、それは彼女の「福」につながったに違いないと私は思いたかった。そしてその思いは、あの面談時の記憶が呼び覚まされるにつれて、彼女と私の対話が投影された書だとする確信に変わったのだった。

（まとめ：語り手にも聴き手にも影響する面談での対話）

私の呼び掛けから始まったとは言え、「最期の時を考えなさいと言われて、その通りと思いました」と彼女が言ったように、私たちの面談では語りながら見つけた人生上の新たな発見が、その語り手の生き方に影響するようなこともあった。一方で聴き手であった私にとっても、語り手の個別の生き様を参考にして〝どのように生きるかについて考える〟、そんな機会となった。肉体は消えても、書を通して私の感性に語りかけた彼女は、私の心の中で生きて、厳然とそこに居た。それまでに彼女との対話という行為があったからこそ、〝人のつながり〟に思いを致すことになった私は、何でも比較の対象にして費用対効果から考えようとする日頃の思惑や悪癖（私が父への対応を考えた時も顔を出したかもしれない）を、生きる上での本質的な価値（ここでは〝人のつながり〟）も加えて考え方に柔軟性と幅ができたという意味で、人間的に成長する階段を一歩上がらせてもらったかもしれない。人は幸せを求めて人生の旅に出るが、人のつながりの中で生きている限り独りではないはずだ。話し合いながらの対話の継続は、語る者にとっても、それを聴き取ろうとする者にとっても、自分らしく生きるための道標《みちしるべ》につながっている。

（事例20）原爆で一度は死んだのだから　―老後を迎えた叔父の悩み（被爆時年齢十八歳、男性）

教員だった叔父は（1）直接被爆者として被爆者手帳を取得した。原爆で倒壊した家の下敷きになった時についた傷痕《きずあと》は、一〇年前まで消えることなく、下腿の外側に残っていた。火災を避けて川に浮かぶ材木の上で過ごし、燃えた熱気の中を逃げまどった被爆時の体験を、教え子たちには決して繰り返させてはならないという覚悟の証として、彼の身に長く刻まれていたのだ。

1．生き方を写す人生の語り

米寿を迎えた叔父には子供がいなかった。彼の人生の最終段階を見守るのは私たちだろうと、ぼんやり思いながらも日は過ぎて、彼の考え方や希望を聴く機会はこれまでに一度も無かった。ちょうど、将来受けるかもしれない医療やケアについて、希望や思いを家族や医療者と話し合って文章に残そうとする活動を進めていた私は、様子見で訪れた昨年の九月、「これまでの人生について聴かせてほしい」

と彼に頼んだのだった。彼の大切にする価値観の一端でもつかめれば、将来に生かすことができると考えていた。

五人兄弟の四番目として生まれた叔父は、おとなしくて引っ込み思案だったらしい。しかし念願だった旧制中等学校に入り、しかもバスケットボール部で主将を務めていた先輩に巡り会ってからは、触発されて積極的で活動的な生徒に変わったという。

その彼が、舟入幸町の自宅（爆心地から一・五キロメートル：現在の広島市中区）で被爆したのは十八歳の時だった。朝食後、本を読んでいた彼が、瞬間の光にアッと身を縮めた時にはすでに、家の下敷きになっていた。ただそれまで座っていた机が梁を支えてくれて、彼の身体は守られた。とは言え、周囲は燃え始めていたから、出勤途中だった彼の父が勘を働かせて引き返して来なかったら、崩れた家の中で焼死していたことだろう。妹が「兄さん、兄さん」と叫び続ける中で、柱をテコにして引っ張り出してくれたのは父だった。こうして原爆は彼の人生を大きく変えることになった。もともと新聞記者になりたいと思っていた彼は、復興と民主化という国の進む方向を考え、父や兄のつてを頼って教員になったのである。国民体育大会のバスケットボール広島県代表として活躍する一方で、「教え子を戦地に送ることがないように」平和教育が彼のテーマとなり、部落問題にも関わるようになった。戦争や原爆で人間性や正義が踏みにじられた体験が、彼の活動の反面教師となったのだ。自宅にはこれらに関連した本が増えていった。

叔父は五十歳時に脳梗塞、八十歳前には大腸がんと、人生の節目で大病を経験した。傘寿を過ぎて、仕事を限られたもののみに絞ったのはそのためであり、さらに慢性呼吸不全に対して在宅酸素療法を受け始めた四年前からは、全ての公職から手を引いたのだった。「八十八歳にもなって、もういつ逝ってもよいと思う。ただあんたの父親である兄が九十四歳まで生きたのだから、まずはそこを目指していくわね」と彼は眼鏡の奥で目を細めて私に告げた。「原爆で一度は死んだのだから、無理をしてまで生きようとは思わない。でも必要なら手術はすると思うよ。人工呼吸器による呼吸補助や治療はしたくないけど受けるだろうね。ただし胃瘻だけはやりたくないね」。私の母に造設された胃瘻を念頭に置いて、将来受けるかもしれない治療についても語った。その上でこれまでの人生を「自分なりに納得できるものだった」と総括し、「物忘れはあるが、これからも無理をしないで生きていきたい」と気力を込めて締めくくったのだった。

聴き取りの結果、先輩との出会いや衝撃的な原爆体験、教員としての仕事や社会活動、そしていくつかの疾病が叔父の生き方や考え方に影響した可能性が見えた。その過程を想像し再構成することで、彼が価値を認めて大切にしてきた考え方や、今後判断を迫られるかもしれない医療選択の方向性（おおまかな受けたい医療、受けたくない医療の内容）が描けるような気がしたのは、私にとって収穫だった。

2. 生活不安に対する家族会議

五〇年以上連れ添う八十六歳になる妻と二人暮らしを続けてきた叔父の人生の語りを聴いて、四カ月が経っていた。「一月になっても、今年はインフルエンザが流行らないね」と同僚の医師と話をしていた矢先、「叔父様が肺炎のために入院されました」と、かつて勤めた病院から連絡を受けた。主治医によれば、肺炎は改善しつつありすでに退院の日取りが話題に載っているが、物忘れも進んでいるとのことだった。

病院に見舞った私たち夫婦に、酸素カニューレを付けた叔父は驚きながらも喜びの顔をみせた。そして、入院時の様子やこれまでの経過を、若干の日時的な不一致に戸惑いながらも、しっかりとした口調で語った。叔母を交えた談笑がしばらく続いた後、話題は退院後の生活に及んだ。「これから先、家内と二人で過ごすのは不安だね」と呟いたのは叔父だった。「どうしたらいいか考えてくれよ。私ら二人、子供もいないし、あんたら夫婦に頼るしかないのだから」との心配だった。そばにいた叔母も、「これから先、どうしたらいいかね」と他人事のように言葉をつなぐばかりだった。

妻と私は叔父たちの要望に答えるために、近隣の有料老人ホームの資料を集めて彼の自宅に送った。これを読んでくれれば何か参考になるだろうし、何かあればまた連絡が来るだろうと漠然と考えていた。

新学期も始まり、桜も散って、資料を送ってから連絡の来ない二カ月が過ぎていた。休みを利用して本に囲まれた叔父の家を再訪した妻と私に、叔父たち夫婦はまるで示し合わせていたかのように、「どうしたの。何かあったの」とそれぞれ同じように尋ねた。想定外の訪問だったことを暗示する二人の態度は、有料老人ホームの資料を送った私たちにはかえって意外だった。だから「元気にやっているかどうか、見に来たんだよ」と私は答え、「ところで送った資料は参考になったかしら」と問うてみた。叔父夫婦からの返答は要領を得ず、私たちからすれば随分と的外れなものだった。まだ今後のことには手がつけられていないと判断した私たちは、「二人がこれからどうしたいかという気持ちを教えてもらって、ここら辺で具体的なことを考えてみよう」と彼らに語りかけた。「気にかけてくれて」と頭に手をまわして感謝した叔父からは、「ただ、どうしたいと言っても……切羽詰まっているわけではないので、見えないところもあるけれど……施設に入ることも考えておかなけりゃいけないかな」と迷走する中で気を引く発言が漏れた。今から考えると、私の質問に答えるために仕方なく絞り出した答えだったのかもしれない。しかしその時は、「施設に入るのなら、二人で一緒に同じ部屋に入りたい。でもこの家を埋める本の処分はどうしよう」という叔母の希望と悩みも重なったことから、つい〝介護付きの施設の中で、新しい生活の場を探す〟という選択肢を彼らは模索している、と私たちは思い込むことになったのだ。こうして今後の生活の場が施設になった場合の課題を探る必要があると考えざるを得なかった私たちは、「お世話になるね」と見送りに出た叔父夫婦に「終《つい》の住《すみ》処《か》になることも考えて、二～三の施設をあたってみるよ」と言い残したのだった。

帰宅する道中で妻と私は、「見合った介護施設でもあれば予約して待つことも可能だし、その場合でも、いやならいつだって断ることはできる。入居の声がかかるまでの時間は、今住んでいる家の整理などに充てることもできるだろう」と、そんな先のことまで考えて話し合った。

3. 施設入居の阻害要因

一週間後、妻と私はある有料老人ホームの面談室にいた。叔父たちのために入居できるような場所を探しに来たのだった。面談の理由《わけ》を告げると、施設の事務長はおもむろに口を開いて、「酸素を常時吸っておられる方は、原則としてお断りしております」と、丁寧に断りを述べた。そして、「夜間は看護師がいないし、医師の往診ができない」など、その理由を並べて、私たちの顔を見た。歳をとるにしても、元気で歳をとらなければ施設に入ることとさえできない場合があることは、予想外の情報だった。

酸素療法が原因で夫婦二人が一緒に有料老人ホームに入ることができないとなると、叔父か叔母のどちらかが要介護度3以上に生活レベルが低下するまで、あるいはどちらかが急病で病院に入院してその後医療介護施設に移るまで、訪問看護や介護を受けながら自宅での生活を続けることになりそうだった。そして結局、行きつく先はどちらの場合も、叔父たちの希望に反して二人が別々の生活を送ることになることは避けられそうになかった。その上、要介護度3になったとしても、特別養護老人ホームの入居を待つ人の数からすれば、当分入居できそうにないことは明らかで、彼の自宅も終《つい》の住《すみ》処《か》として看取りの場になり得ることを考えておく必要がありそうだった。

私たちは、訪ねた施設の玄関を出たところで顔を見合わせた。「病状によってはこうした有料老人ホームにも入れないということになると、あなたが啓発しているように、少し元気な時から自分がどこで最後の時期を過ごすか、将来受けたい医療・受けたくない医療は何なのかについて考え、家族や医療者の人たちと具体的に話しておくことが大切だということが分かるような気がしたわ。事前の医療計画をたてておく意義がこんなところからも見えるわね」と妻が思いついたように声を高めた。施設であろうと自宅であろうと、大切なのは自分らしく生きるということだった。そのためには……と考える私のそばで、「体調や自分の病気を前提にして、具体的な希望や思いを社会の仕組みの中で考えておかないと、終末期の医療も含めて、自分が受けたい医療が受けられないということね」と、妻は一人で納得したようだった。

叔父は「原爆で一度は死んだのだから、無理をしてまで生きようとは思わないが、必要なら手術はすると思うよ」と人生の語りで述べ、必要な医療は拒まない姿勢を見せた。そうならばなおさら、将来何が起こり得るのかなど病気の全体像を十分理解した上で、希望する医療やケアを思い描くことは、彼にとって大切なことなのだと私たちは改めて感じていた。

4．本心を聞くということ

さらに別の有料老人ホームにも足を延ばして、そこでは酸素療法が入居の阻害因子ではないことを確認した私たちが、報告かたがた叔父の家を訪ねたのはそれから数日経った五月連休の初日だった。午後三時過ぎにもかかわらず、叔父夫婦はパジャマ姿で現れた。二人とも昼寝をしていたということだった。ほとんど家から出ない生活が続いていることが垣間見えた。

「酸素療法をしていることが、入居する施設の制限につながるところもあるけれど、何とか入ることができる施設もありそうだよ。もちろん直ぐには空いていないから、事前に予約しておいて順番を待つということだけれど」と私は口火を切った。デジタルカメラに写した有料老人ホームの部屋の様子なども見せながら、生活スタイルや経費などについても伝えた。ただ、説明する中で気になったのは、話が選択を必要とする肝心な点に及ぶと、叔母が「コーヒーを」、「お茶を」、「お菓子を」と席を立ってしまうことだった。私たちにしてみれば、元気な叔母にこそしっかり話を聞いておいてもらいたいと思っていたにもかかわらず、彼女はまるで話を避けているように見えた。

ちょうどその時、「こんにちは、いかがですか」と玄関を開けて一人の女性が顔を出した。聞くと、かかりつけ医の先生が手配してくれた薬剤師で、毎日定時に叔父たち夫婦の体調をチェックし、薬の服用を確認してくれるということだった。これまで叔父たちの口から出ることもなかったので確かめもしなかったのだが、叔父たちにはケアマネージャーがいて、その人が構築した在宅システムが稼働していたのだ。私たちは、「ケアマネージャーさんがいるんだね。その人と話をする方がいいかも」と本心を口に出した。しかし叔父夫婦からはケアマネージャーに関する情報を得ることはできなかった。ケアマネージャーという名称を含めて、そうした仕組み自体を彼らは理解できていなかった。

そこで叔母が話の輪に入るのを待って、改めて「二人は一体どうしたいんだろうね」と私たちは最初の疑問を再び投げかけた。叔父夫婦はお互いに顔を見合わせて言い淀んだ挙句、「当面はこの家に住み続けたいのよ、その後はどうしたらいいかわからないけれど」と叔父の顔を見ながら叔母が気持ちを表現した。続いて「あなたはどうなの？」と叔母から意見を求められた叔父も、「そうよな、当分は家に居て……。たくさんある本は僕が死んでから売り払ってもらったら、それでいい」と叔母の意見に同意した上で、集めた本の処分時期にまで言及した。今までのような生活を続けて、当分家を出ることとは考えていないとする二人の返答からは、在宅支援システムに支えられた今の生活スタイルに限界を感じていない二人の心根《こころね》が透けて見えた。だから今の時点では、私たちが持ち込んだこれまでの生活スタイルと異なる多くの情報に飛びつく理由は、彼らにはなかったのだ。振り返って考えてみると、あの時点ですでに、二人の将来に対する想像力や構想力は落ちていたと言ってもいいかもしれない。

5．生き方が教える選択の道

肺炎による入院がきっかけとなって不安を募らせた叔父たちの訴えに、時間の限られた私たちは情報を集めることなく、まともに向かいすぎた。叔父たちの気持ちが落ち着いてから要望を聞くべきだったが、ちょっと焦りすぎた。しかも物忘れが進む叔父に対して、私たちのペースでことの成り行きを考えすぎていた。

「そりゃ、そうよね。長く住んでいた家を出て施設に移るには、それ相応の理由が必要だし、本心は一度聴いた回答に全て表現されているとは限らないはずだわ」と帰りの車中で妻が感想を述べた。「当然、僕たちのペースで物事が運ぶはずもないのだ。でもこの度の動きで、今後の生き方を叔父夫婦が本気で考えてくれるきっかけになってくれるといいのだけれど」。私たちの行動を反省しながら、この出来事が叔父夫婦にとっていくらかでも、将来を考える良い機会になってくれることに、私は期待を込めた。

これまでの流れを踏まえて、昨年九月に叔父から聴いた人生の語りを改めて振り返ると、あの時語られた生き方は、〝自宅で二人の生活を続け、生きている間は集めた本の処分はしない〟という今回の叔父の結論を事前に推測させるに足るものだった。叔父はあの時点で、自分の人生を「納得できるものだった」と総括して、教え子を戦地に送ることがないようにがんばってきた教員生活に誇りと充実感をにじませていた。当然のことながら、その間の生活は今の自宅で営まれてきたのだ。その彼が「もういつ逝ってもよいと思う。ただ兄が九十四歳まで生きたのだから、まずはそこを目指していくわね」と前を向いて生きる目標を掲げた。酸素を吸いながらも、物忘れがありながらも、生きる意欲は確かだった。だから「必要なら手術はすると思うよ。人工呼吸器による呼吸補助はしたくないけどするだろうね」と選択する医療の幅も広かったのだ。前を向いて生きるというその目標を、常時酸素を吸う中で彼らしく成就させようとすれば、自律する生活が継続できて、人に迷惑を掛けることのない住み慣れた今の自宅が最適な場と考えたはずだし、彼の知的活動を支えてきた心の友ともいえる多くの書籍を、最期の時までそばに置いておきたいと考えた過程も、理解できると思えたのだ。

結局、彼らはこれまで通り自宅で訪問薬剤師などの社会資源を利用しながら、本に囲まれて過ごすことになった。もちろん二人の体調の変化や物忘れの進展、生活の不具合が加わればこの方針を変える時は来るだろう。その時に備えて、人生の語りを通して叔父の生き方をある程度理解することができたのは幸いだった。そのことが私たちの気持ちを楽にさせていたし、たとえ今後、叔父をめぐって何らかの問題が起こったとしても、叔父の生き方に対する私たちの理解が、問題に対応する際の道筋を示してくれることになるはずだった。

6. 叔父の死

在宅酸素療法を受ける叔父の息切れに死の影を感じることはあったが、私たちは彼の幸運に期待して再び日常生活に戻った。叔父は安心したのか、その日が来るまでいつものように比較的平穏な日を送った。

夾竹桃の白い花や赤い花が川面に映る暑い夏が過ぎ、そして、秋風が吹くようになった十月のある朝、私は叔母から電話を受けた。叔父が亡くなったという知らせだった。前の晩から息苦しさを訴えていたらしいが、叔母が気付いた時にはすでに叔父は息がなかったという。叔母の嫁入り布団に寝かされた叔父の穏やかな顔は、苦しむことなく旅立ったことを暗示していた。残された叔母は「ええ人じゃった（だった）、やさしかったよ。寂しゅうなった」と叔父の周りに並ぶ弔問客に語りかけた。私たちは視線を落として、彼女の言葉を静かに聞くだけだった。

「これからも無理をしないで、自宅で前向きに生きていきたい」と言った叔父の老いの道は、往生への道と地続きだった。折角聴取した彼の希望や思いを、彼のために生かす場は失われてしまった。私はこれまでの経験を順送りにして、叔母の今後に生かすつもりだった。葬儀が終われば被爆者手帳を広島市に返すことで、叔父はやっと原爆からも解き放たれるはずだった。

〈まとめ：新しい価値の探求と発見〉

自分らしく前向きに生きようとする時、そこでは新たに「何かに挑戦してみる」ということもあるだろうし、「自分の趣味や特技を何か人のために役立てる」ということだってあるだろう。叔父のように「特に何をするわけでもないが、その日その日を大切に過ごす」ことだってあるかもしれない。そうしたどんな場合でも、それまでは気付かなかった新しい価値を、その行動や発想の中に見つけていくということが、〝老い〟を前向きに生きる要点になるように思う。天野[1]も人生の最終章で、自我の広がりを経験する可能性は誰もが秘めている、と述べている。

叔父は八十歳過ぎまで、父に至っては八十八歳頃まで自分のペースで仕事をしたものだ。老年者になっても仕事に携わること自体、新たな価値の発見とも言える。わが国の平均寿命は延び続け、老年者の健康状態は良くなっているし、それにつれて老年者の中には学歴が高く専門知識を持った人たち、そして働き続ける意欲を持った人たちが増加している。そしてそんな人々を受け入れる度量を、社会は身に付けつつある。老年者の体調に合わせて短時間勤務やフレックスタイム制を可能にする新たな働き方が試みられているし、在宅勤務に結びつく情報通信技術の利用が進んできたことも確かだ。老後の労働環境に対する新しい価値の実践に期待したい。変化しつつある老後の過ごし方の中で、人は自分の人生を考えるはずだ。

しかしそこで、最後まで自分らしく生きるというテーマを掲げたとして、それに対してどのような行動をとるかは流動的だ。調子が悪い時はそれにあった行動を取るだろうし、調子が良くなればまた行動内容は変わるだろう。繰り返して聴き取りをすることで、その人の思いは徐々に収斂《しゅうれん》され、明らかになる。今後はこうした思いを語ること、それを聴くこと、そして最終的にどう行動するか話し合って納得できる結論を探してみることなどの取り組み自体が、老年者におけるわが国の文化となり、新しい価値の実践として法的な裏付けはなくても当然の振る舞いになることを目指したいものだ。

事例の総括

人生の終わりを事前に準備する〝終活〟としてではなく、最後まで自分らしく大切に生を紡ぐという立場から、二〇組の被爆者の今を写し取った。原爆投下からの七一年間を、それぞれ固有の存在として人生に優先順位を付けて一生懸命生きてきた被爆者の歩みには、私を引き込む力強さがあった。もちろん当初は、生活の安定や経済復興は二の次にして、まずは人との結束や過去への郷愁を優先せざるを得なかった貧困や苦悩と涙のあふれる時代があった。そこでは悲しい感情を言葉で表現することに困難を感じたことさえあった。しかし、彼らの生活が落ち着くにつれて、書き取ろうとする悲しみには愛おしみに通じる感情が加わることもあり、さらに「あなたが生きる上で大切に考えてきたものは何ですか？」などと、その人の価値観からみた優先度を質問することで、それぞれの被爆者の〝価値観〟が積み重ねられた結果として、自分らしく生きるための彼ら自身の判断があったことに気付かされたものだった。

人とのつながりの中で前を向いた彼らの行動も印象的だった。人生を振り返れば不可視の大きな力や運も関与したように見える場合もあったが、それとても人との交わりが生んだ結果でもあるように感じられることも多かった。人の好意、人とのふれあいなど人との接触によって人生が動いた多くの体験は、まさに人の間と書く私たち人間ならではの所業だったと言えよう。そしてその多くに共通した最も重要な気付きは、寛容な医療環境や後を託す人々にとって負担のない社会環境にたどり着こうとする、彼らのたゆまない試みだったということだ。私がこだわる被爆者の現在の思いは、納得できる人生を通してこの社会の安寧《あんねい》*1を手繰り寄せようとする活動につながるものだ。

ただ、被爆地での限られたこの企画と経験が、一般老年者の代表としての被爆者の現状の多くを示してくれたと思うのは早計かもしれない。七一年を経たこの時点でも、被爆者の少ない地域では、相談する機会も乏しく心身にわたるより大きな負担が被爆者の中で継続している可能性があるからだ。しかも価値観を重視して人生を考えるこうした活動に、まだ老年者は及び腰に見える。たとえば二〇一四年にまとめられた終末期医療に関する意識調査等検討会報告書[27]によると、自分で判断ができなくなった時に備えて、受けたい医療、受けたくない医療などを記載した書面をあらかじめ作成しておくことについて、一般国民（69・7％）、医師（73・4％）、看護師（84・7％）、介護職員（83・8％）ともに、賛成する者が最も多かったにもかかわらず、実際に書面を作成した者は一般国民（3・2％）、医師（5・0％）、看護師（3・5％）、介護職員（3・5％）に限られていたという。二〇組の事例にならって、多くの老年者が前向きに人生を考え、行動し始めるように願うばかりだ。

改めて各事例の人生を通読すると、自分の生き方を考え、それを探そうとする人でさえあれば、それぞれの語りの中から、価値観や人生観を探し出して受け取ることは可能だというのが、私の読後感だ。語る側に立場を換えれば、自分に正直に生き方の希望を語り、人との協調やつながりの中で話し合い、価値観にしたがって自ら判断しながら進む先に、最後まで自分らしく老いるという新しい価値がある。人が人として大切にされる寛容な社会につながるはずのその行為が、私たちの文化として根付くことを強く期待したい。

＊1　安寧：世の中が穏やかで平和なこと（広辞苑）。

第四章　前を向いて、自分の人生は自分で決める

（1）よみがえる被爆者の思い

私の生き方を探そうとする中で聴いた、被爆者の個別の希望や思いは、時間の経過や健康状態、家族の意見、死生観などで変化するかもしれない。したがって面談で聴取した内容を統計的にまとめることには限界がある。しかも独り一人の語りを集めて数値化することは、それぞれの人生を枠にはめて、原爆さえも概念的な対象としてしまう危険性を伴う。そのことに注意しつつ、ここでは、〝人生の語りを通して最後まで自分らしく生きるための意義と方策を探してみよう〟とする本書の主題を補助する立場から、被爆者の背景や被爆の影響など、語られた内容から見えてきた要点のいくつかを供覧する。それは被爆者全体を代表するものではないが、全体像を理解するのには役立つだろう。

これまでに私との面談で、人生の語りの一部として、もしもの時の希望や思い、医療の選択などを語り、意見を交わした被爆者は一一五人（そのうち被爆者専用施設に住む者一〇七人）を数えた。

その平均年齢は八十五歳（七十一～九十九歳）で、男性二四人、女性九一人だった（表3）。介護度では自立あるいは要支援が一〇三人（94％）だったし、認知症に対する検査が行われた人に限ると、長

谷川式認知度スケールで二〇点以上は九二人（90％）だった。

聴取の時点までの既婚者は一〇〇人（87％）、未婚者は一五人でそのうち一四人（12％）は女性だった。既婚者のうちには、再婚者が四人（３％）、離婚後に再婚しなかった者が一三人（11％）いた。また初婚後一〇年間で配偶者が亡くなった者が八人（７％）あった。

十九歳以下の成人前に親の死亡を経験した被爆者は四二人（37％）で、そのうち一九人は原爆による親の死亡だった。被爆時年齢が九歳以下だったのは二〇人、十～十九歳だったのは七六人、二十歳以上だったのは一九人で（表３）、直接被爆者が七七人（67％）、入市被爆者が二九人（25％）、看護などでの救護に伴う被爆者が九人（８％）だった。

図24は被爆者の心理に影響したかもしれない、彼らにとって人生で一番悲しかった出来事と一番うれしかった出来事をそれぞれ示したものだ。悲しかった出来事としては、親や子供など近親者の病気や死が多く指摘される中で、原爆関連の事象が一一パーセントあった。一方、うれしかった出来事としては、子供や孫に関連した事象とともに、被爆者自身の楽しみ・特技・人間関係関連の事象が並んだ。表４は被爆者が人生上の難題に直面した際にそれを乗り越える力になったと述べた要因を並べたものだ。子供や親兄弟といった近親者の存在やその支援が上位を占めたが、被爆者自身の〝頑張ろうとする気持ち〟も二五パーセントから指摘された。

図25は「これから先、何歳まで生きることを目指すか」と尋ねた質問への回答で、比較的広範囲の年数幅にわたった。しかし最も多かったのは、〝これ以上は期待しない。いつでもよい〟とする回

表３　人生の語りや医療への希望を聴いた被爆者の性別と年齢分布

年齢（被爆時年齢）	男性	女性	計
70～79 （0～9）	5	15	20
80～89 （10～19）	18	58	76
90～99 （20～29）	1	18	19
計	24	91	115

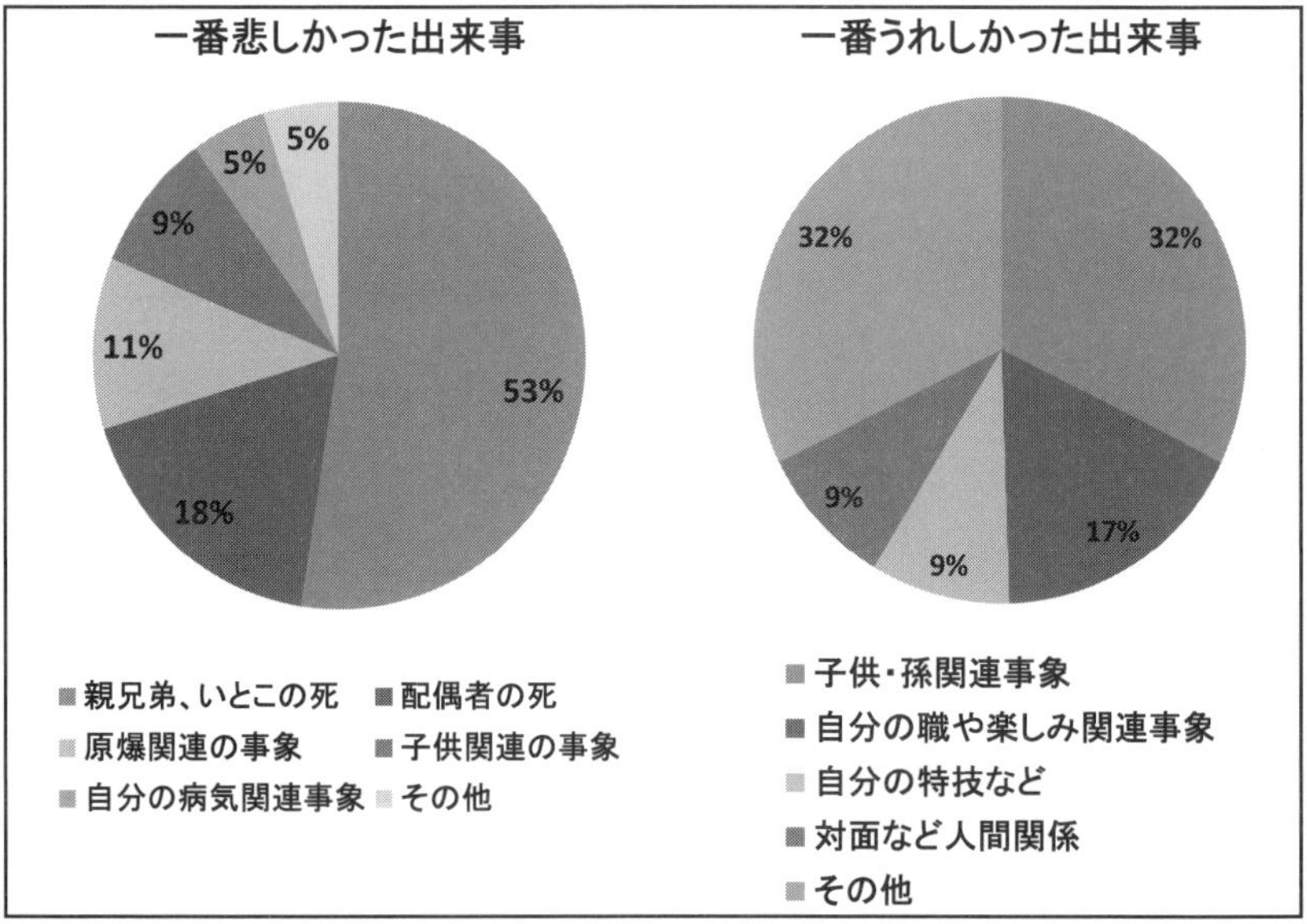

図24　これまでで一番悲しかった出来事と、一番うれしかった出来事（n=114）

表４　難題にあたって乗り越える力になったもの（n＝115）

乗り越える力になったもの	回答数	割合
子供とその関連事項	41	36%
親兄弟とその関連事項	38	33%
自分の頑張ろうとする気持ち	29	25%
配偶者とその関連事項	15	13%
信仰	7	6%
友人・他者とその関連事項	6	5%
その他	10	9%

（複数回答可）

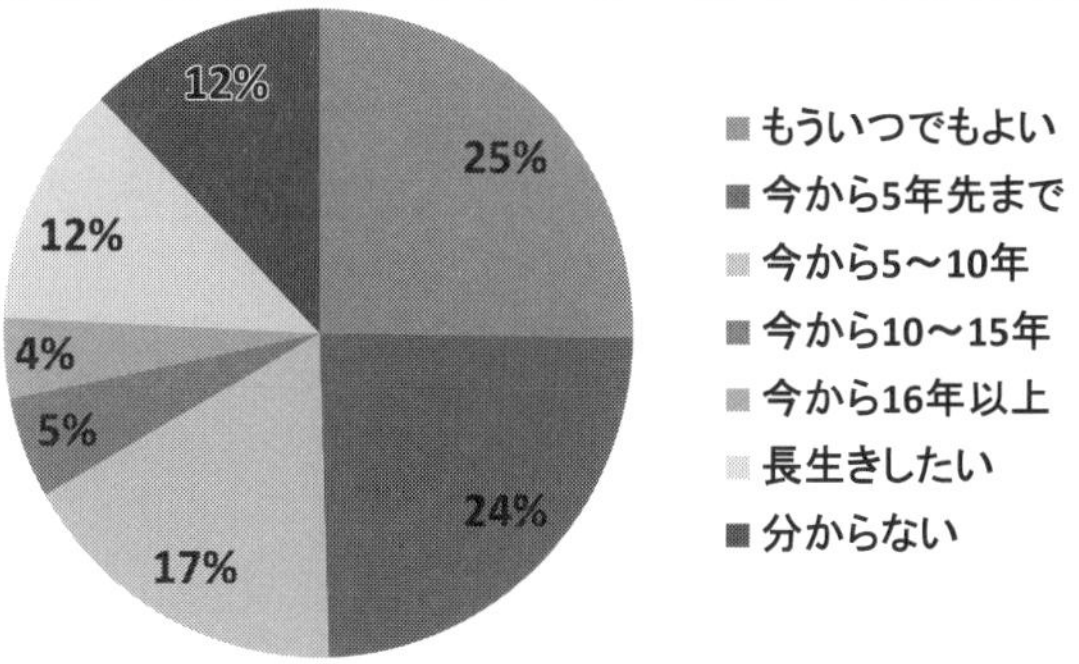

生きる年齢を定めた理由	回答数	割合
周りに迷惑を掛ける	45	39%
病気を含めたいろいろなつらさ	36	31%
期待以上に生きた	30	26%
親兄弟の死んだ年齢	29	25%
人生を楽しみたい	23	20%
将来の時代や催しを見たい	13	11%

図25　これから先の生きる年数目標とその理由（n=115）

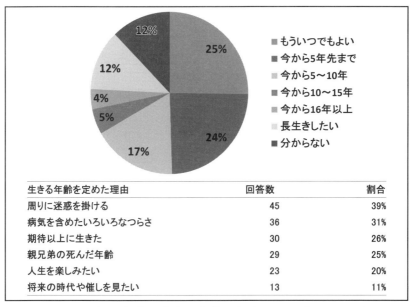

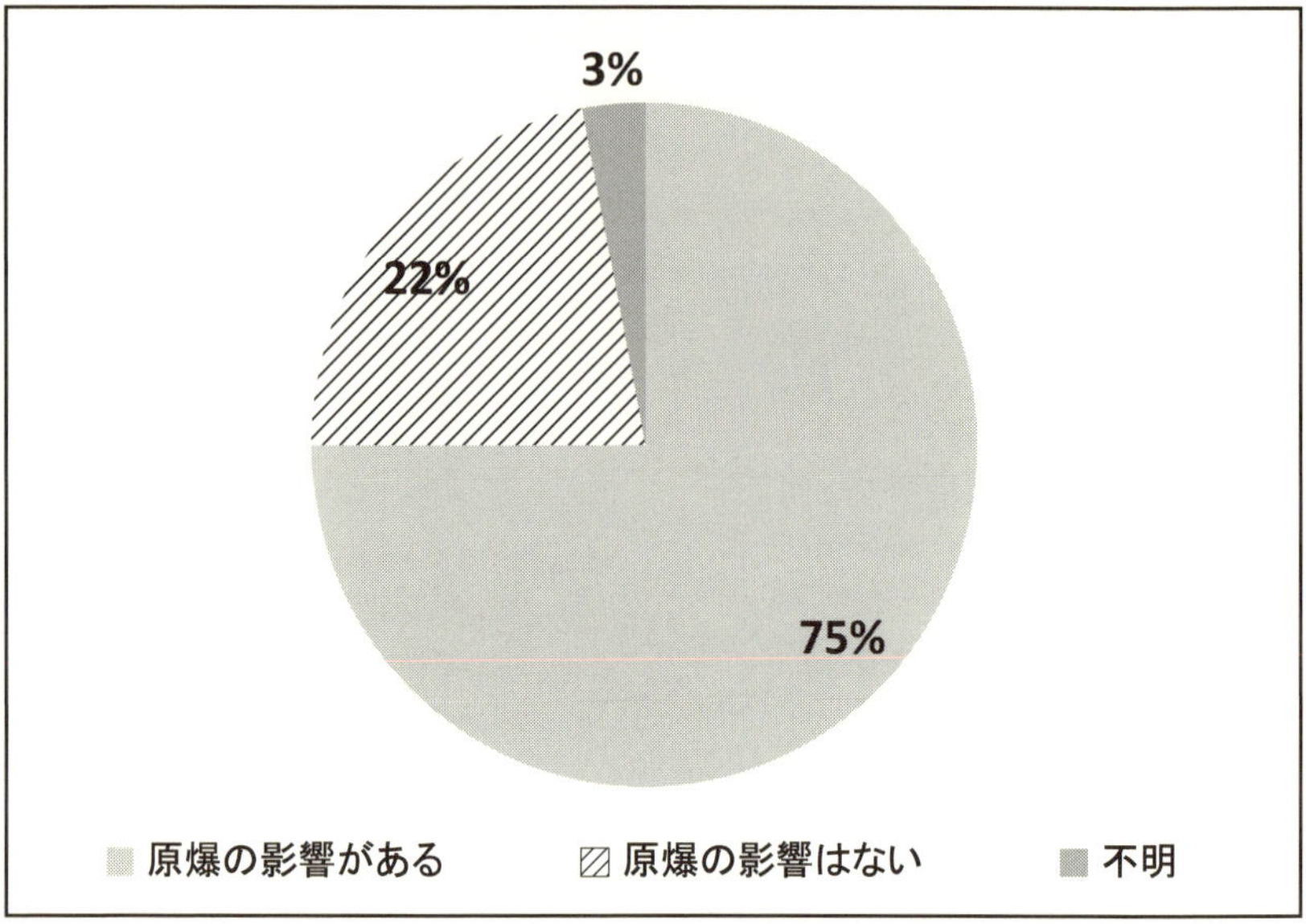

図26　人生への原爆の影響（n=115）

答（25％）で、五年先までの年数をあげた者を含めると回答者の半数を占めた。その年数目標を決めた理由を複数回答を許して尋ねると、〝迷惑を掛けるから〟とするものが最も多く、〝病気を含めたいろいろなつらさ〟や〝期待以上に生きたから〟など、全体として生に対する消極的な姿勢が目立った。

各被爆者の人生に対する原爆の影響の有無を表わした結果が図26である。八六人（75％）が原爆の影響はあると答え（直接被爆者に限ると83％が影響があるとした）、ないとしたのは二五人（22％）だった。ではこの結果は、現時点までの人生に対するそれぞれの満足度に影響しただろうか。図27を見ていただきたい。三二人（28％）が現時点までの人生に〝満足している〟と答え、〝まずまずだった〟という消極的な満足感の四一人を加えた七三人（63％）の被爆者が（直接被爆者に限ると58％）、一応人生に満足を表明した群だった。一方、〝不満足〟

としたのは二三人（20％）で、〝運命か、仕方なく生きた〟と答えた一九人を加えて四二人（37％、直接被爆者に限ると42％）が、人生の満足度には後ろ向きな回答だった。この後ろ向きの被爆者のうちでは三六人（86％）が人生に対する被爆の影響があると答えたのに対して、人生に満足を表明した被爆者群で原爆の影響があるとしたのは五〇人（68％）だった。

図28は、将来受けるかもしれない胃瘻の造設、ならびに気管に管を入れる手技を伴った（挿管を伴った）人工呼吸器による呼吸療法に対する思いを示したものだ。話し合いをする中で、被爆者の思いは揺れる場合も多く、複数の対応に言及することもあった。最終的には、胃瘻造設では七七パーセントが、挿管を伴った人工呼吸では五五パーセントが「行わない」と回答したが、その中には〝行わないでほしい〟という希望が先行する例がかなりあったことも事実で、今後の面談で〝その希望が達成されない時の対応〟を聴き取る必要がありそうだ。

今回の医師との面談を前向きに評価したのは八六人（76％）で、六人（5％）が後ろ向きの評価だった（図29）。しかし、この六人を含めた一一〇人（96％）が、こうした面談の内容を被爆者の人生の一例として、あるいは自分の医療に対する希望として内外に公表することを承諾し、もしもの時に対する希望や思いを語る活動を社会に広め、医療選択の際に自分の意思として用い、戦争を否定し核兵器を廃絶するために利用されることを望んだ（図30）。

以上の結果を要点ごとにまとめると次の通りだ。

対話ができた原爆被爆者一一五人は、被爆当時二十歳以下という最も多感な時代を生きてきた世代

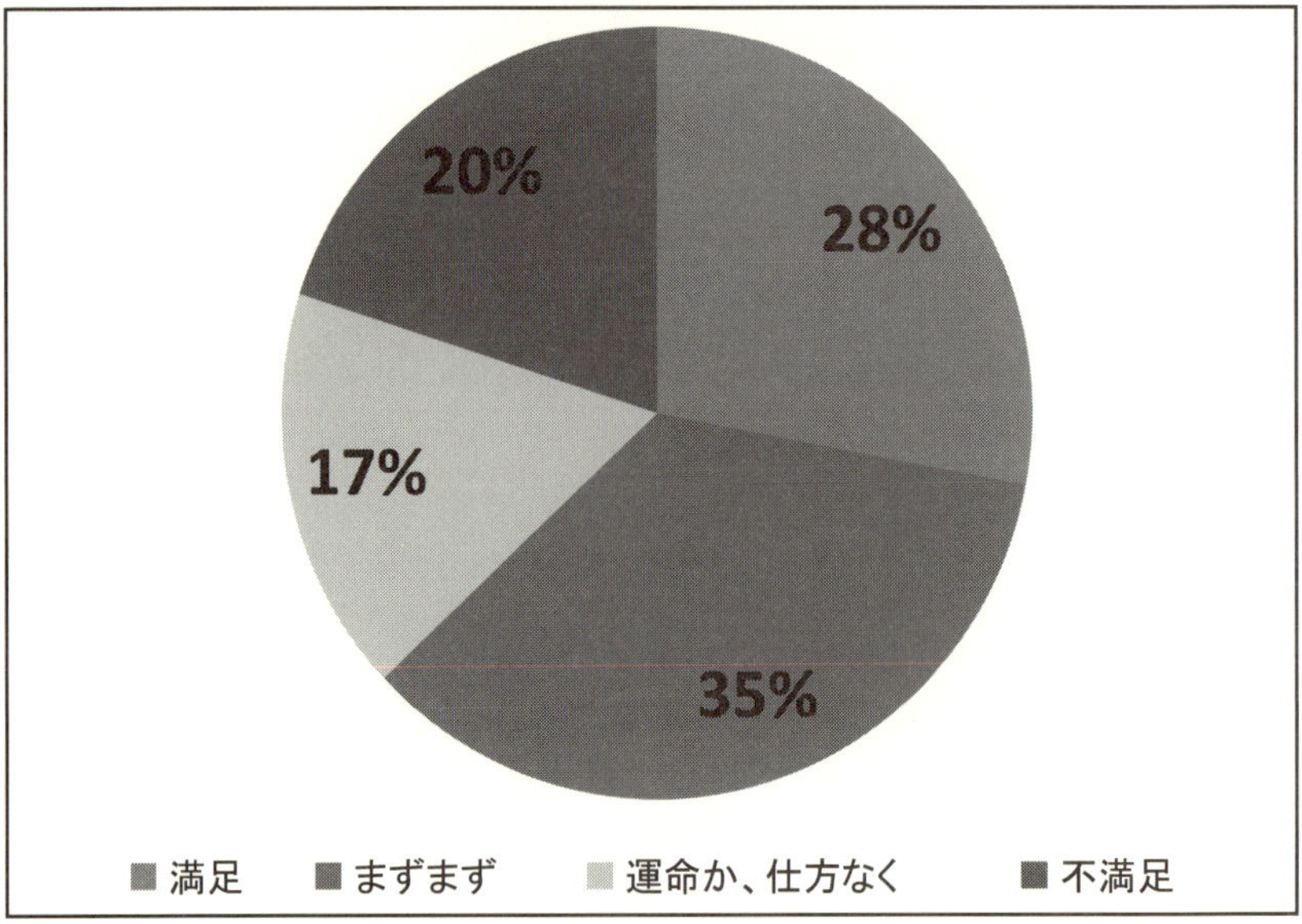

図27　被爆者の感じる人生の満足度（n=115）

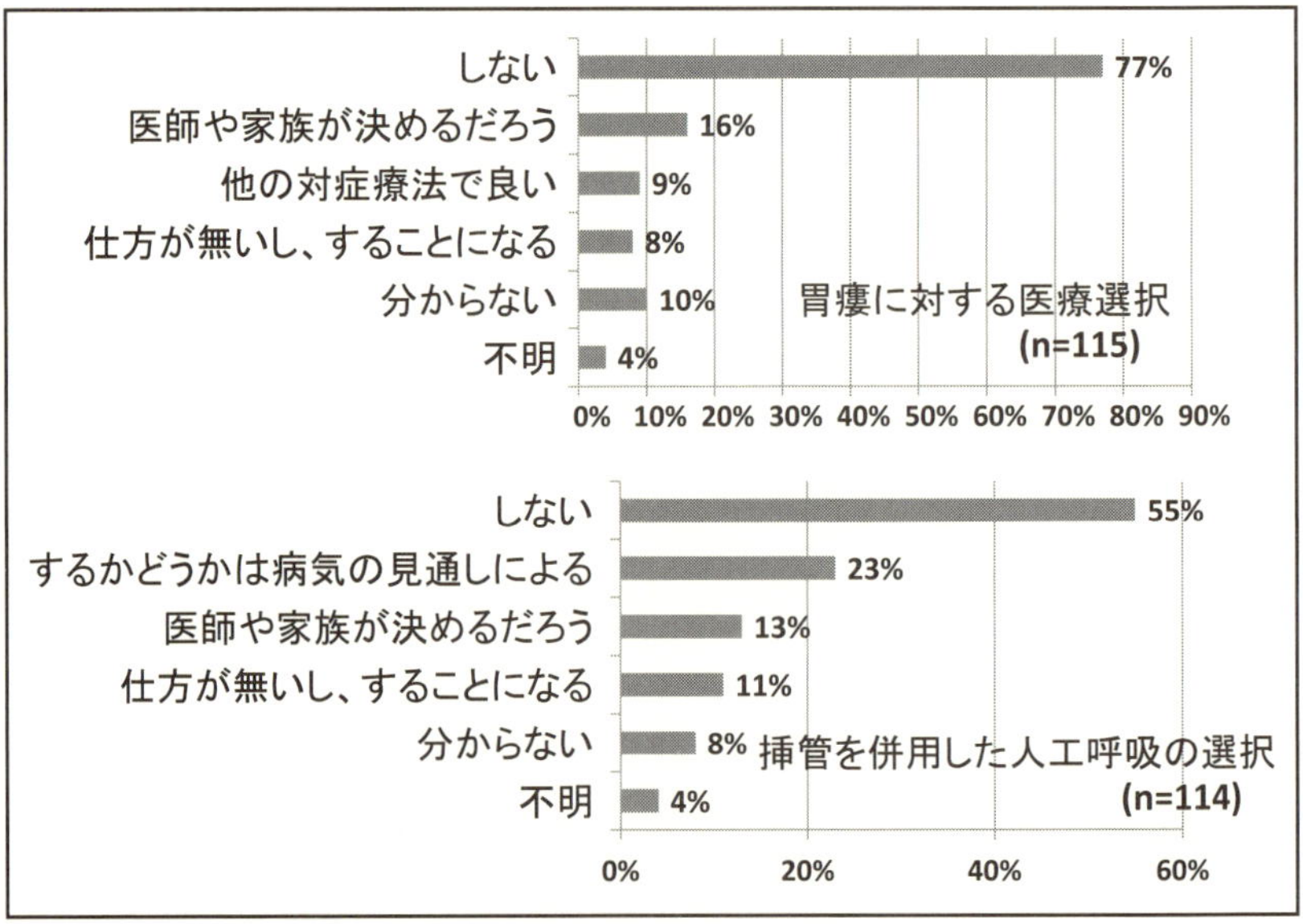

図28　もしもの時の胃瘻や、挿管を併用した人工呼吸の選択

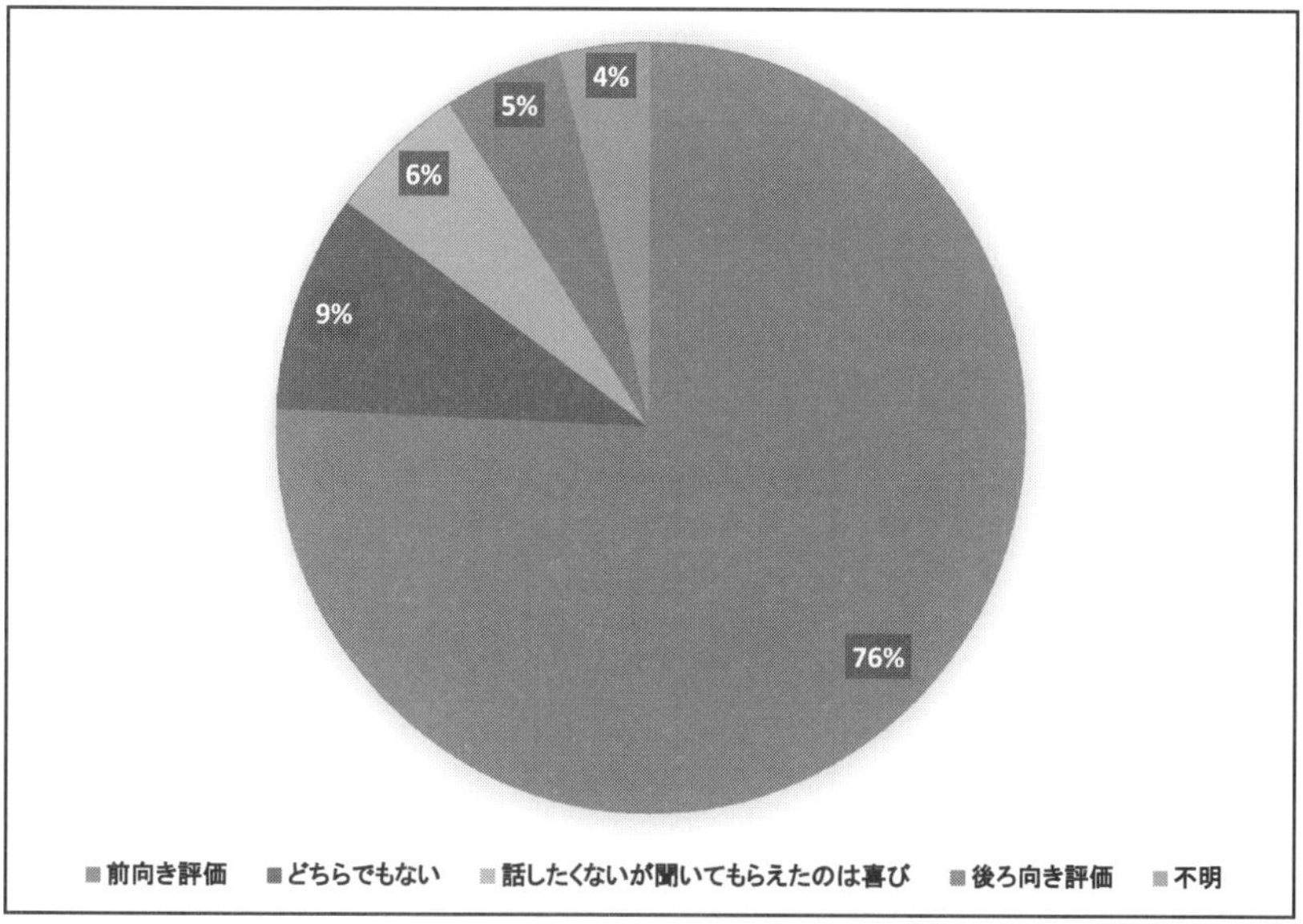

図29　面談時の対話に対する被爆者の評価（n＝114）

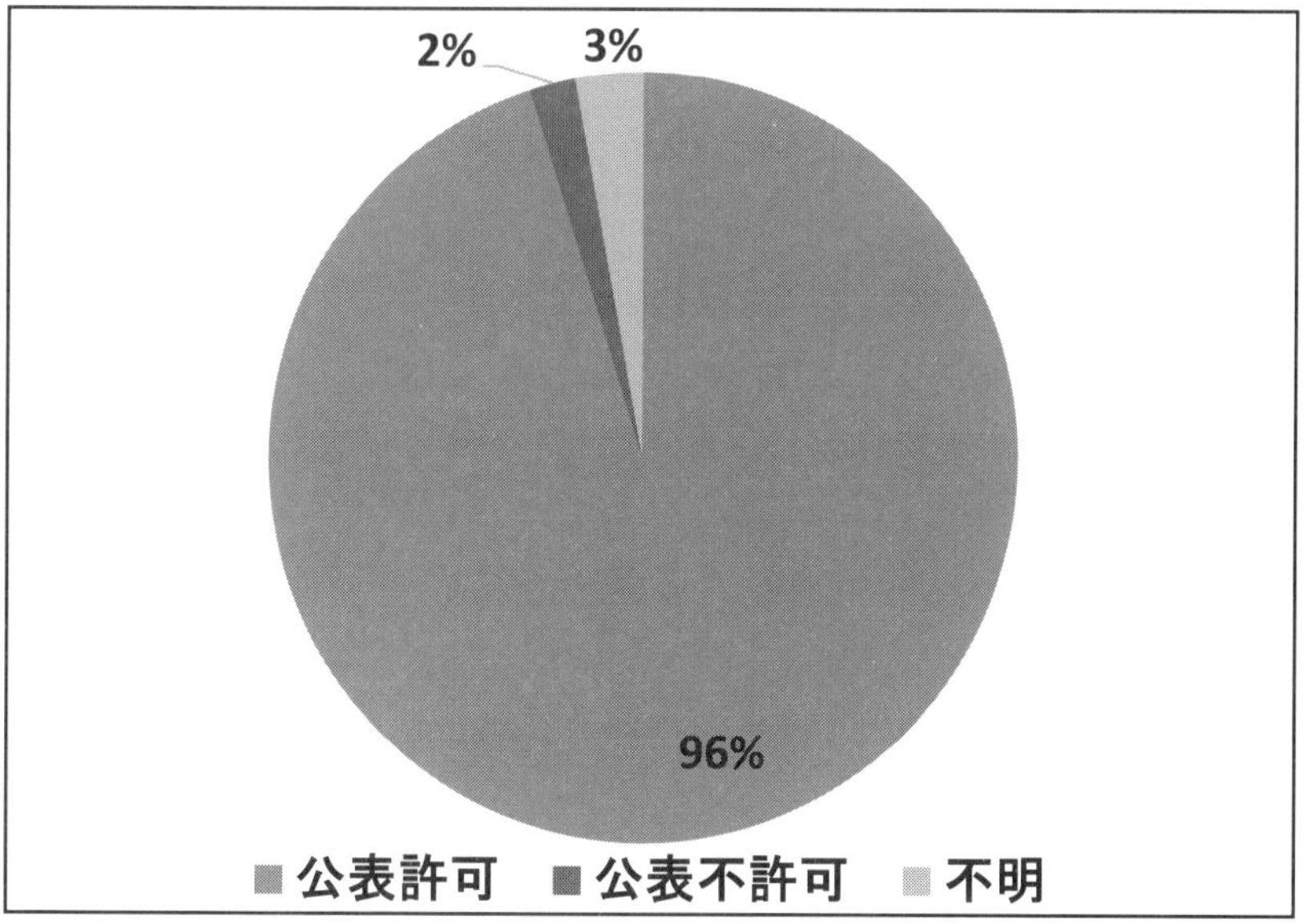

図30　対話内容の内外への公表に対する承諾（n＝115）

の人々が中心で、女性が多くを占め、現在は施設に入居している者が大多数という集団だった。その社会的背景要因の中で注目されたのは、最も身近で接してくれた両親あるいは片親を成人前に失う経験を、回答者の三七パーセントもの人たちが持っていたという事実だろう。多感な成長期に心理的、精神的な影響を受けたという意味で、重要なポイントに見える。親の死因は原爆以外にも感染症や戦死など当時の社会的要因が色濃く反映されていた。なおこうした社会的要因は、その後の配偶者の早期死亡の原因としても働き、若い被爆者を精神的にも経済的にも苦しめたはずだ。

次に、自分の人生には多少なりとも原爆の影響があると考える被爆者が、あれから七一年を経た現時点ですら、七五パーセント（直接被爆者に限ると83％）に及んだという点だ。ちなみに被爆六〇周年に行われたアンケート調査で、〝被爆体験を日常生活の中で思い出す〟と答えた被爆者は、全体の七六パーセントだったと報告されている。[28] 対象となった被爆者や質問内容は異なるし、今回の面談に臨んだ多くが原爆関連の施設入居者であったことなどから安易な推測は危険だが、前回のアンケート調査の報告以後一一年間という年月が過ぎても、原爆の影響という点に関しては、薄まることなく経過した可能性がある。さらに、わが国の女性の生涯未婚率（五十歳時の未婚率で代表したもの）は一九九〇年代まで五パーセント以下で推移したことからすると、未婚で過ごした女性が一二パーセントを占めたという今回の異常に高い未婚率は、原爆の影響を反映したものとして心が揺さぶられる思いだ。

これを人生の満足度から覗いてみるとどうだろう。六三パーセントの被爆者（直接被爆者に限ると58％）が人生には満足あるいはまずまずだったと答えた。二〇一四年度 高齢者の日常生活に関する意識調査の結果では、六十歳以上の一般老年者が日常生活全般に満足を感じていた割合は六八・三パーセントとされている。[29] 人生の満足度を左右する要因は原爆以外にも家族環境、生活レベル、職業、趣味、病気、老年的超越[*1]を含む精神状態など多くある。それらの総合的な評価として原爆によるマイナス要因にもかかわらず、一般老年者と同じ程度に日常生活全般に満足を感じていた人がいたことが示されたのだ。しかしその一方で、原爆の影響は無視できないように見える。直接被爆者の満足度は被爆者全体の満足度よりも低かったし、人生を〝不満足〟あるいは〝運命か仕方ないもの〟と受け止めた被爆者においては、八六パーセントが原爆の影響があると答えた。原爆の影響を後々まで引きずった人では、満足度は低くなる傾向だったのだ。また人生の困難を乗り越えた際の支えになった力として、二五パーセントの被爆者からは〝頑張ろうとする自分の気持ち〟が告げられた。それだけ個人の力に頼らざるを得ない場面が、被爆後の人生には多かったことを示しているようにも見える。原爆の影響は彼らの内面に刻み込まれていたと言えそうだ。

　三つ目の注目点は、医師との面談時の対話を七六パーセントの被爆者が良い試みとして前向きにとらえ、その内容を内外に公表することを九六パーセントが承諾したことだ。特に面談を後ろ向きに評価した被爆者の多くが公表には前向きだったことは興味深い。この背景には、自分の言葉で人生を語った充実感、将来受けるかもしれない医療に対する希望や思いを主治医に伝えることの必要性、核兵器廃絶が未だに達成されていないことへの不満、そして被爆者としての社会的な立場を自覚していたことなどが反映されていたように見える。特に話し始めると話さずにはいられないという気持ちも存在したようで、それは被爆者としての使命感だけではなく自分の人生に対する達成感であり、さらに誇りのような感情さえも含まれていたように私には感じられた時もあった。

図31　全ては平和から始まる
（現在の原爆ドームと相生橋）

一般老年者の代表でもある被爆者は素直に思いを語り、それを聴いた私は被爆者が、原爆による心身の変化、生活全般に影響する社会経済情勢、健康に影響する公衆衛生状況、人間関係など多くの諸要因に揺さぶられながら、今に至る人生を自ら道を選択しながら歩んできたことを知った。その生き方が被爆者にとって、人に迷惑を掛けずに自分らしく生きる方策だったのだと思う。決して自分だけの幸せに目を向けるのではなく、みんなの幸せを見つめながら、彼らは歩いてきたのだ。そして被爆から七一年。この時間の経過にもかかわらず、七五パーセントの被爆者（直接被爆者に限ると83％）に被爆の影響が残り、それは人生の満足度にも大きく影響したものだった。彼らの語りから見出したエッセンスを私たちの人生に生かしていく試みの一方で、私たちは改めて戦争や核兵器のない未来を目指して発信し続ける努力に限りはないことを認識するのだ。全ては平和が前提で始まることなのだ。

＊1　老年的超越：八十五歳以上の超高齢者は、老いをありのままに受け入れ、心の内面を充実させることで、幸福感を高めていると報告されている。

（2）アドバンス・ケア・プランニングへの期待

自分の人生を語り、将来の医療計画についても希望や思いを考え、自分らしく生きるためにそれを家族や医療者と話し合ってみる、こうした取り組みが将来に向けて最後まで自分らしく生きるという新たな価値を生む可能性が、被爆者との面談を経て明らかになった。そこで、自分で自分の人生の成り行きを決めていこうとするこの取り組みにつながる手順として、アドバンス・ケア・プランニング（Advance Care Planning：ACP）を紹介する。医療が生活の一部になった老年者にとって、その利用が〝生きる安心感〟につながると思うからだ。

ＡＣＰは図32に示すように事前の人生設計の一部として、医療に関する多面的な事前ケア計画とも言える取り組みだ。その内容は社会的・経済的・心理的要因などを含んで多岐にわたり、事前指示やリビングウイル（事例5参照）が本人から医療者への指示としての一方向性の伝達手段であるのに対して、ＡＣＰは本人の希望や思いを基に関係者で話し合うという双方向性に議論されるステップを加えた伝達手段だ。その詳細は成書に譲るが、広島県地域保健対策協議会[10]が作成したＡＣＰの手引きによると、これから受ける医療やケアに対するその手順は次の通りだ。①自分の希望や思いを考え、②自

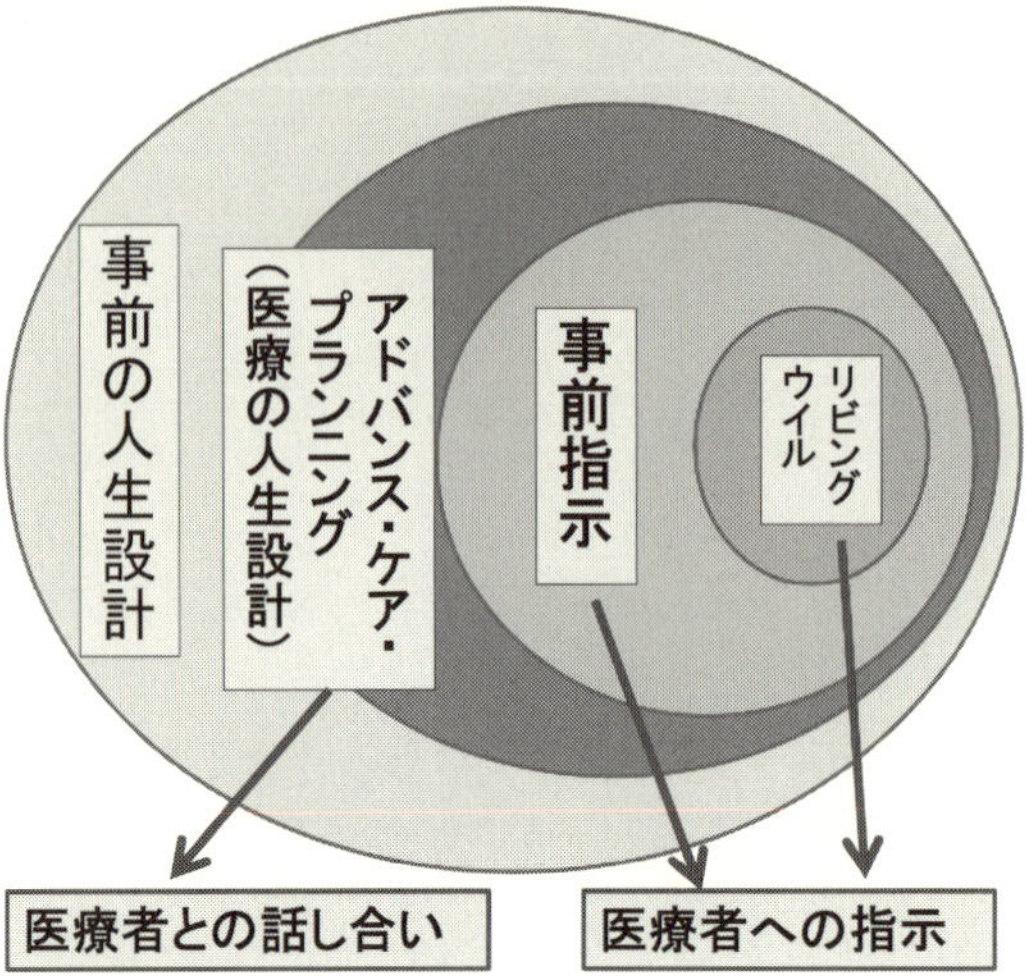

図32　事前の人生設計の一部としてのアドバンス・ケア・プランニング（Advance Care Planning　ACP）

ACP：これから受ける医療やケアについての考えを家族や医療者と話し合って、文書に残す手順。価値観・人生観・生活支援・経済的課題などを含めた包括的な思い
事前指示：リビングウイルを含めた医療指示と代理意思決定者の指名
リビングウイル：自己決定能力を失った時に疼痛除去を除き過剰な延命措置をとって欲しくないという意向を文書化したもの

分の健康や疾病について学び、考え、③自分で判断できなくなった時のために、代わりに意思決定をしてくれる人（代理意思決定者）を選び、④医療に関する自分の希望や思いを家族や医療者に伝えて話し合い、⑤そこで決めた内容を文書に残す、というものだ。もともと二〇世紀の終わり頃から緩和医療領域で多く利用されてきた手順だが、私は老年者が最後まで自分らしく生きるための手順として、緩和医療とは無関係でよいからACPを利用してみようと啓発しているのだ。

まずは医療に対する希望や思いを語ってもらうことから始めたい。それを家族・代理意思決定者や医療者と十分に話し合うことで、自分の価値観や人生観に基づく希望や思いが実践可能な医療に反映され、最後まで自分らしく生きることになることが目標だ。ＡＣＰの考え方を広めるという立場から極言するならば、話し合うことができて、そこから得られた結論がみんなで共有されることが大切であり、文書を作成すること自体が目的にならないように注意すべきだろう。もちろん老年者の希望や思い、あるいは一旦話し合って決めた医療の選択は、時間の経過や健康状態、家族の考え、死生観などいろいろな要因で変わり得る。変わっていいのだ、変わればまた話し合えば良いのだから。

なおこの広島県地域保健対策協議会の作成したＡＣＰの手引きには、質問形式で各手順をたどることができるように企画された質問用紙〝私の心づもり〟が別に添付されている。自分で大切にしたい希望や思いを絞り込み、その人の価値観に近づくことを目指したステップ１（図9）、もしもの時に希望する医療内容、医療を受ける場所、そして延命治療への対応などを尋ねるステップ２、代理意思決定者を尋ねるステップ３などから構成された体験型のＡＣＰ入門用紙だ。九二人の被爆者が記載した〝私の心づもり〟の選択内容をまとめて、本書の最後に付録として添付した。

（3）　被爆者の語りから受け取るもの

原爆被爆者が残してきた病理標本や血液標本など各種の身体的な被爆資料が基になって、現在の国際的な放射線障害の防護基準が作られた。福島原子力発電所事故でもその基準にしたがって対応策が練られた。では被爆者の心の動きはどのように私たちの社会で生かされてきただろうか。社会の混乱の中で、原爆から時を経ずして行われた被爆者の精神面、心理面に関する系統だった研究は乏しく、被爆にまつわる当時の心の変化や思いは、文学作品や被爆者としての個人的な証言の中に閉じ込められた言葉や話題、そして語り部の話し言葉から推測するのが現状だ。しかも被爆から今に至る時間経過の中で変化した心の動きや思い、考え方を聴く機会は一層乏しい。その意味で自分らしく生きることを拒否された被爆者が示してくれた〝最後まで自分らしく生きる〟という命題への対応の糸口は、新たに社会に提示された価値とも言えるものだった。

被爆者との面談内容を医療面から総括すると、多くが自分の価値観に導かれながら、医療への思いを語ったものだった。感覚的な返答が見られた場合もあったが、それとてもこれまでの人生経験に裏打ちされたものだった。そして被爆者が自分の価値観を頼りに、彼らの一生涯を掛けてたどりつこうとした自律の目指す成果は、総じて寛容な医療環境や、後を託す人々にとって負担のない社会環境だった。「被爆者だからといって、特別にこうしてもらいたいという医療への思いがあるわけではなく、普通の老年者と同じ扱いでいい」（第一章（4）、吉田章枝談）という発言が、人に迷惑を掛けることなく、全ての人の幸せを願うその要点を言い当てている。

被爆者の語りは〝人生は最後までその人自身が決める〟という原則を示し、私たちに生き方の本質を考えるヒントを与えてくれているように見える。彼らの人生上の悩みは、人との交わりやつながりの中で、自分なりに最終的に選択した道が解決策の主体をなす場合が多かった。そこでは、つながった人に対する信頼が根底にあったように思う。こうした被爆者の語りにならって、老年者の諸兄姉に

図33　最後まで自分らしく生きるという生き方に新たな価値を見つける

は、状況によっては意識障害などのために判断が下せないこともあるだろうから、元気な時から医療への希望や思いを語ってほしいと、私は勧めてきたのだ。では、単に人生の語りや今後の医療への希望の表明さえすればそれでいいのか。否。その行為だけでは、終末期の医療を決めることだけが目的になって、医療者への指示にとどまることになりかねない。最後まで自分らしく生きるという、主体的なその生き方に対する思いや考えが抜け落ちることがあってはならない（図33）。そして人に迷惑を掛けるような自分勝手な表明にとどまるべきでもない。

　語られた医療への希望や思いがいろいろな要因で変化し、達成できないことがあったとしても、話し合いによってその人の価値観につながる要点を周囲の人が把握して、医療選択の際に念頭に置いてくれるならば、少なくとも語られた内容が求める方向性については、本人抜きの周囲の人だけでも実現に向けて検討することは可能だろう。話し合う行為は、最後まで自分らしく生きるための、すり合わせの作業とも言えるものだ。それによって老年者の思いを反映した医療を提供することにつながり、医療の誘導や差し控えを防ぐことにもなるだろう。老年者が対話する周囲の人とは、家族や代理意思決定者、そして医師がその候補になる。ただ対話には継続性が必要で、しかもそこで得た結論に対しても人は迷い、感情は揺れるものだ。医師の忙しさを考えると、その語りや思いに常に対応することは困難が伴うこともあるだろう。そんな時、医師とは違う立場からそれを補完し、時には老年者をリードできるのは看護師や保健師、介護士、医療社会福祉士、ケアマネージャー、薬剤師など老年者の生活に密着したところで働き、老年者の感情に寄り添い、彼らの思いを理解できる医療者だ。老年者の思いを引き出し、その思いを評価して実践への道をアドバイスするなど、彼らが果たす支援は多岐にわたり、実際的な役割を担うはずだ。二者択一的な話し方ではなく、思いを受け止めながら節度を持ってそれを深めるような話し方で進めてもらいたい。その過程では話し合ったことを文書に残そうとするＡＣＰを紹介することがあっても良い。前節の質問用紙〝私の心づもり〟は、医師への情報の橋渡しの際には便利な道具となるだろう。そこで注意すべきなのは個人情報やプライバシーへの配慮だ。医療への希望や思いを述べた老年者の人格を尊重するために、欠くことができない重要な点だ。聴取する側の倫理観の向上は常に心掛ける必要がある。

一旦立ち止まって人生を振り返り、これからの医療についても自分の希望や思いを語る老年者は、自分が自分であることを目指して生きようとしており、結果的には最期の瞬間まで納得した人生を全うしようとして歩き始めている。自分の価値観や周囲との話し合いを頼りに、最後まで自分らしく生きる道を選んで進む、その行為が積み重なった先に、最も大切にすべきものは何かという人生の本質がある。この自分らしく生きようとする姿勢は、意識するあるいはしないにかかわらず、独り一人に

図34　子供たちは、生き方がにじみ出る老年者の活気にとても敏感だ

その人にしかできない人生を作り上げる、具体的な行為を求めていくはずだ(30)。その過程で、スピリチュアルペインを含む全人的な痛みを乗り越える力となる安心感や癒しなど、若い人たちに伝えるべきことを見つけた老年者は、そのことがまた新たな生きがいになるだろう。そして、そんな思いやりに満ちた生き方がにじみ出る老年者の活気に、子供たちはとても敏感だ（図34）。最後まで自分らしく生きる道は、こうして個人の生き方にとどまることなく、きっと、人が人として大切にされる寛容な社会に続いていくはずだ。

おわりに

今年もギラギラと照る陽の下で、夾竹桃《きょうちくとう》が広島の夏に彩りを添えた。戦後いち早く咲いたこの花を復興のシンボルとしてきた私たちは、国の激変を身をもって体験して今日に至った。原爆・終戦に始まる社会の混乱は、政情の安定と人口増加、そしてそれに基づく経済的な発展によって、世界有数の経済大国の地位を獲得することにつながった。並行して進んだ単身世帯や夫婦二人世帯の増加など、それまでの老年者の立ち位置や家族観を大きく変えた社会構造の変化は、少子高齢社会につながるものだった。その中で増加し続ける医療費は、医療の場の主体を病院から在宅に移し、地域包括ケアシステムの拡充が叫ばれている。成熟した社会の中で、将来を見据えた本人の選択と本人・家族の心構えが強調され始めたのだ(31)。

そんな中で起こった東日本大震災は、津波による文明社会の破壊とともに、核の平和利用と喧伝された原子力発電でさえ、放射能被曝によって住民の生活が一変することを如実に示した。自分らしく生きることを拒否されてそこに住むことができなくなった被災者は、まるでヒロシマ・ナガサキが被爆後にたどった道のように仕方なく歩き始め、七一年前の被爆者と同じように風評や偏見に悩まされながらも、かつての生活や人々の話をしながら、破壊された日常を取り戻すために、一つひとつ目の前の障害を取り除く作業に手を染めている。多くのボランティアの活動に心を癒されながらも、一方では被災者の心に寄り添うことの乏しい政治や社会の動きが、原爆被爆地のつらい経験に重なるように感じるのは私だけではないだろう。改めて、この被爆からの七一年間という歳月は何だったのだろうか。

こうした動きの中で、私は呼吸器領域の専門医師として研鑽《けんさん》を積み、社会のために貢献しようと努力を繰り返してきた。それが人のために尽くす私の使命だと考えていた。しかしその過程で経験した家族の死や友人の忠告が、医師としてだけでなく人間としてこれからの自分自身の生き方を考え、そこから社会に奉仕できる新たな価値や生きがいを探すように私に促すきっかけとなった。だからこそ、まだ開《あ》けたことのないこれまでとは異なる扉の前に立ったのだ。目を覚まそうとする私に対して、扉が開くにつれて奥から聞こえてきた指南の声は、老いが進んだとしても最後まで自らの価値観にしたがって判断を下し、正直に自分らしく生きることこそが、人が人として大切にされる寛容な社会につながる行為だと言っているように聴こえたのだった。自らの希望や思いを語り、それを家族や医療者と話し合うことによって、もしもの時に対しても安心感を持って前向きに生きることができる、その可能性に気付いたということだ。しかしその気付きを伝えたいと私が考える肝心の老年者の多くは、希望や思いを発信してそれを自分たちの人生や将来の医療に反映させようとする動きには、まだ戸惑いがあるように見えた。

そこで私は、人が人として大切にされる寛容な社会を目指す立場から、あの原爆という絶対悪によって自分らしく生きることを突然拒絶された原爆被爆者が、自分らしく生きる道を探して歩いてきたこれまでの人生行路や、現在《いま》考える将来への思いに寄り添うことで、最後まで自分らしく生きることの意義を考え、それが持つ力に触れてその成果を自分にも社会にも還元したいと思った。被爆者として、かつての悲劇にとどまることなく今の生き様まで語ってもらうことで、七一年という時間の持つ意味も明らかになるだろうし、東日本大震災の被災者を含めた多くの老年者の背中を押して、彼らが語り始めるきっかけにもなるのではないかという期待もあった。もちろん高齢となった被爆者に人生を語ってもらうことは、つらい思いをさせるのではないかと心配もしたのだが、多くの被爆者は自分の意思でしっかり語ってくれたように思う。傾聴し、話し合いに参加した私からすると、彼らは使命感に裏打ちされて言葉を紡いだように見えることもあったし、また自らの意思で希望や思いを語ることで自分らしく生きようとする姿を示してくれたようにも見えた。物事の軽重を見極めながら人生を作ってきた彼ら自身に、誇りさえ感じているように見えることも多かった。

被爆者の心根は、ともすれば独り善がりに陥ったり、あるいは目的達成のためには手段を選ばないことのある最近の世相とは、一線を隔すものだった。一歩一歩、自分の意思で前に進み、人に迷惑を掛けることなく、全ての人の幸せを願いながら少しずつ日常を取り戻したその努力が、周りの人々の支援も得て今の市民社会を作り、気がつけば彼らの人生の終わりも近づく。そして何があったとしても、それを受け入れるだけの覚悟と準備も彼らの中で進む。被爆から七一年というこの時間は、原爆の中で生かされた命がその営みを尽くし、一方でその命につながる若い世代の人々に安心を付加する時間だったように見える。医学的に結論が出ていない世代を越えた被爆の影響（放射線被爆によるがんや遺伝性疾患の発症）については今後も研究の継続が必要だが、健康管理を確実に進めることで、被爆者が歩いた生き様や最近の遺伝子解析に基づく医学の進歩が心理的に折り合いをつける力となって、人生の歩む道は「うろたえるようなものではない」と、被爆者に連なる若い世代にエールを送っているようだ。

一方、被爆者の語りに触れた人々は、医療に対する考え方やもしもの時の対応が、原爆を含む人生の営みを経て、自分らしく生きようとする発想から生まれたものなのだということを理解したし、自ら判断することで自分に正直な生き方につながることにも思いを致したことだろう。私は被爆者の話を聞きながら、人の悲しみや苦しみ、そして喜びを理解できる感受性豊かな人が社会に増えることを願った。思いやりのある人が増え、語りつつ話し合うこのような活動が最後まで継続されるならば、その対応が深い悲しみも癒すことになり、その先には人が人として大切にされる寛容な社会が開《あ》けることになるはずだと思った。

最後まで自分らしく生きようとする取り組みが広がれば、長崎の被爆者[32]や東北の被災者をはじめ多くの人々から同様の語りや意向を聴けるようになるだろう。前向きに生きるためのスタートだ。その時、アドバンス・ケア・プランニング（ＡＣＰ）が利用されていれば、二〇一三年以来、広島県内を中心に新たな老年者の生き方としてＡＣＰの啓発と実践に力を注いできた私にとっては、この上ない朗報だ。そのためにも、老年者の諸兄姉には、まずは恐れることなく人生の語りや自分らしく生きるための希望や思いを、心許せる人に話し始めてもらいたいと思う。それによって医療現場で倫理観に支えられた対話が増え、彼らの思いが反映された医療が行われる、そうした文化がわが国の医療現場にもたらされることを期待したい。一旦立ち止って〝老い〟を見つめ、最後まで自分らしく生きることについて考えることは、心身ともに不安定な状況下で戸惑う少子高齢社会の老年者にとって、心の安心感につながる重要な取り組みだ。

私はこれまでとは異なる扉を開き、今、その中に足を踏み入れた。平和な社会の構築に目を配りつつ、新たな価値や生きがいを探り人生の本質に近づくことを目指して、一人の社会人として最後まで自分らしく素直に生きることにしたのだ。もちろんその生き方は、うまく賢く生きることとイコールではないはずだ。一方で、自分の限界の中で生きていかなければならないのも確かな事実だ。人生を全うするということの本質を見極めようとする私を見て弟は、かつて彼が歌っていた〝心の瞳〟(作詞：荒木とよひさ、作曲：三木たかし)の歌詞にひっかけて、「いつか若さを失《な》くしても、(ACPで)語られる言葉以上に、心だけは家族や医療者と変わらない絆で結ばれている状況が必要だ」と、その人生の本質を心の絆に求めようとするかもしれない。家に帰ることを最後まで願った父は、「夫婦関係や家族関係までもが、老いのために想像を越えてぎくしゃくする中で、どうすれば心の余裕や品性を取り戻すことができるだろうか」と心のあり様を尋ねるかもしれない。人のつながりの中で与えられた人生を生き抜こうとする私に、母は自分の最晩年の思いをどのように語り、最後まで自分らしく生きることの意義をどういう言葉で伝えてくれるだろうか。

本書を上梓するにあたり、尊敬する恩師鎌田七男先生(広島大学名誉教授、前広島原爆援護事業団理事長)、同じ道を歩く畏友本家好文先生(広島県緩和ケア支援センター長)、客観的に本書のあるべき姿を説いてくれた学兄荘田智彦氏（大脇　游氏）に感謝する。そして私を励まし続けてくれた多くの原爆被爆者の諸兄姉に敬意を表したいと思う。また長年にわたりアドバンス・ケア・プランニング（ＡＣＰ）に関する調査・研究をご許可いただいた広島県地域保健対策協議会に深甚の謝意を表す次第である。

二〇一八年　啓蟄の日

付録　質問用紙〝私の心づもり〟の記載内容のまとめ

被爆者への面談では、広島県地域保健対策協議会[10]による質問用紙〝私の心づもり〟（図9）も使用され、被爆者自身によって記載されたので、ここでその選択内容を供覧する。第四章の（1）で提示した一一五人の被爆者のうちの九二人が〝私の心づもり〟の回答者だ。特にそのうちの八人には五カ月～一年を経て同じ〝私の心づもり〟の質問が繰り返されたので、その結果も合わせて述べる。

（1）ステップ1　あなたの希望や思いについて考えましょう

あなたが大切にしたいことは何ですか？いくつ選んでも結構です（回答数92）

1. 人の迷惑にならないこと（コア10ドメイン）　97％
2. 身の回りのことが自分でできること（コア10ドメイン）　93％
3. 自然に近い形で過ごすこと（オプショナル8ドメイン）　87％
4. 医師を信頼できること（コア10ドメイン）　82％
5. 落ち着いた環境で過ごせること（コア10ドメイン）　80％
6. 痛みや苦しみが少なく過ごせること（コア10ドメイン）　73％
7. 家族や友人と十分に時間を過ごせること（コア10ドメイン）　72％

8．楽しみや喜びにつながることがあること（コア10ドメイン）　66％
9．望んだ場所で過ごせること（コア10ドメイン）　65％
9．弱った姿を見せないこと（オプショナル8ドメイン）　65％
10．人として大切にされること（コア10ドメイン）　64％

価値観につながる行動目標を尋ねるステップ1の質問は、一部の選択肢を除いて、Miyashitaらのがん患者の望ましい死の概念[33]から転用された〃多くの人が共通して望む一〇の概念（コア10ドメイン）〃と、〃人によって大切さは異なるが重要なことである八の概念（オプショナル8ドメイン）〃からできている。一九項目にわたる行動目標のうち、選択された上位一〇位までの行動目標は、前記のようにコア10ドメインに含まれる行動目標が多くを占めた。五カ月〜一年を経て質問を繰り返した八人で選択された行動目標を前後で比べると、一九項目全てにわたる同じ選択は見られなかったが、前記の上位四位までの行動目標は八八パーセント以上の選択一致率だった。

（2）ステップ2　あなたの健康について学び、考えましょう

A．受ける治療に関して希望がありますか？いくつ選んでも結構です（回答数92）

1．一日でも長く生きられるような治療　23％
2．とにかく治ることを目指した治療　41％
3．苦痛を和らげるための十分な治療　62％

4. 苦痛がなく、自分らしさを保つことに焦点を当てた治療　81％
5. 自然な形で最期を迎えられるような必要最低限の治療　87％

B. 将来、認知症や脳の障害などで判断できなくなった時の希望は？一つ選んで下さい（回答数92）

1. なるべく迷惑をかけずに自宅で生活したい　3％
2. 家族やヘルパーなどの手を借りながらでも自宅で生活したい　1％
3. 病院や施設でもよいので、食事やトイレなど最低限自分でできる生活が送りたい　90％
4. 病院や施設でもよいので、とにかく長生きしたい　3％
5. 未回答　3％

人に迷惑を掛けることなく、自分のことは自分で行い、自然な形で過ごすという、ステップ1で選ばれた上位の行動目標が達成できると思われる医療が、多くの被爆者から選択された。しかも設問Aの〝自然な形で最期を迎えられるような必要最低限の治療〟や設問Bの〝病院や施設でもよいので、食事やトイレなど最低限自分でできる生活が送りたい〟などの選択肢は、五カ月〜一年を経ても同一回答者に選ばれる選択一致率の高いものだった。ただし回答者に施設入居者が多かった分、自宅が含まれる選択肢にはほとんど手が上がらなかった。

C．もしもの時が近くなったら、どこで療養したいですか？（回答数92）

1．	病院	57％
2．	介護施設	35％
3．	その他	8％

同様に、回答者の多くは施設入居者だったので、自宅の選択がほとんど認められない結果となった。なお、二〇一五年版高齢社会白書[17]によると「治る見込みがない病気になった場合、どこで最期を迎えたいか」という問いに対する回答では、「自宅」が五四・六パーセントで最も多く、次いで「病院などの医療施設」が二七・七パーセントであった。

D．延命治療を希望しますか？（回答数92）

1．	希望する	2％
2．	希望しない	92％
3．	分からない	5％

延命治療を〝希望する〟、あるいは〝分からない〟と答えた回答者には、質問の趣旨が理解できていないことをうかがわせる被爆者がみられた。二〇一五年版高齢社会白書[17]によると「延命のみを目的とした医療は行わず、自然にまかせてほしい」と回答した人の割合は九一・一パーセントだった。

被爆者の価値観に近づくために用意されたステップ1の結果は、〝望ましい死の概念〟から転用された行動目標が、この質問用紙〝私の心づもり〟でも価値観をつかむ選択肢として利用できることを示す傍証になっている可能性を示すものだった。〝望ましい死の概念〟が広島県地域保健対策協議会によって〝私の心づもり〟の選択肢として採用された妥当性を示しているとも言える。しかも、ステップ2の結果のように、被爆者が受けたいと思う医療の目指すところが、これら被爆者が大切にしてきたステップ1の行動目標を達成することにつながる可能性の高い医療であったことは、ステップ1で選ばれた行動目標が価値観につながる概念であった可能性を一層際立たせるものとなった。

選択された行動目標を話題に、家族、医師や他の医療者との間で話し合いができれば、その人が大切にしてきた価値観の全体像が浮かび上がってくる可能性がある。この質問用紙〝私の心づもり〟は家族や医師などと話し合いを進めるきっかけになるだろう。

なお、九二パーセントという延命治療を拒否した被爆者の割合は、二〇一五年版高齢社会白書(17)に報告された延命治療を拒否する一般老年者と同程度だった。これは被爆者が一般老年者の代表として先頭に立って人生を語るという本書の企画の妥当性を示すものでもあった。

文　献

（1）天野正子：老いがいの時代．岩波書店、東京、二〇一四．
（2）山崎章郎：私の死生観．新薬と臨床、64: 1037-1042, 2015.
（3）和田秀樹：この国の冷たさの正体．一億総「自己責任」時代を生き抜く．朝日新聞出版、東京、二〇一六．
（4）核戦争防止国際医師会議日本支部：第二〇回核戦争防止国際医師会議世界大会報告書．二〇一三．
（5）Fumie Yoshida: Testimony of survivors. The Moment Hiroshima Disappeared A-bomb survivors' prayers for peace. NPO corporation The Hiroshima Religious Co-operation and Peace Center, Hiroshima, 57-63, 2015.
（6）有田健一：臨床医からみた被爆者医療の現状と課題　―広島赤十字・原爆病院の歩みとともに．広島医学、63: 248-251, 2010.
（7）武井泉：「救急医療情報キット」について．日老医誌48: 332-335, 2011.
（8）森瀧市郎：核絶対否定への歩み．溪水社、広島、一九九四．
（9）河北新報online news:〈漂流ポスト〉震災遺族の思い共に　手紙供養 http://www.kahoku.co.jp/tohokunews/201510/20151009_35002.html（2016.9.16現在）
（10）広島県地域保健対策協議会：http://citaikyo.jp/other/acp/index.html（2016.9.12現在）
（11）志水　清編、原爆爆心地．日本放送出版協会、東京、一九六九．
（12）広島県医師会速報　第二二〇号　一～三、二〇〇八．
（13）莇昌三：戦争と医療―医師たちの十五年戦争　かもがわ出版、京都、二〇〇〇．
（14）中国新聞社編：年表　ヒロシマ四〇年の記録．未来社、東京、一九八六．
（15）堀川恵子：原爆供養塔．忘れられた遺骨の七〇年．文藝春秋、東京、二〇一五．

（16）中国新聞ヒロシマ平和メディアセンター　連載被爆七〇年　伝えるヒロシマ　⑩　現存の診察記録　原爆症手探りの闘い　http://www.hiroshimapeacemedia.jp/?bombing（2016.9.12現在）

（17）内閣府　平成二十七年版高齢社会白書：http://www8.cao.go.jp/kourei/whitepaper/w-2015/zenbun/pdf/1s2s_3_1.pdf（2016.9.12現在）

（18）有田健一：終末期の医療選択と倫理的諸問題．日本呼吸ケア・リハビリテーション学会誌、24:167-174, 2014.

（19）日本老年医学会：高齢者ケアの意思決定プロセスに関するガイドライン　―人工的水分・栄養補給の導入を中心として―（二〇一二年）http://www.jpn-geriat-soc.or.jp/proposal/pdf/jgs_ahn_gl_2012.pdf（2016.7.4現在）

（20）大井玄：呆けたカントに理性はあるか．新潮新書、東京、二〇一五．

（21）関千枝子、中山士朗：ヒロシマ往復書簡　第一集　二〇一二―二〇一三、西田書店、東京、二〇一五．

（22）上野千鶴子：おひとりさまの老後．文春文庫、東京、二〇一一．

（23）片田珠美：「正義」がゆがめられる時代．ＮＨＫ出版新書、東京、二〇一七．

（24）宮本顕二、宮本礼子：欧米に寝たきり老人はいない．自分で決める人生最後の医療．中央公論新社、東京、二〇一五．

（25）立花隆：文明の転換点．文芸春秋、94: 77-79, 2016.

（26）広井良典：ケアを問いなおす　―深層の時間と高齢化社会．ちくま新書、東京、一九二―二一〇、二〇一一．

（27）厚生労働省：終末期医療に関する意識調査等検討会報告書：人生の最終段階における医療に関する意識調査報告書（二〇一四）www.mhlw.go.jp/bunya/iryou/zaitaku/dl/h260425-02.pdf（2016.9.12現在）

（28）朝日新聞　広島長崎の記憶、被爆者からのメッセージ．http://www.asahi.com/hibakusha/shimen/hibaku60/hibaku60-01.html（2016.10.28現在）

（29）内閣府：平成二十六年度高齢者の日常生活に関する意識調査結果
http://www8.cao.go.jp/kourei/ishiki/h26/sougou/gaiyo/pdf/kekka1.pdf（2016.10.30現在）
（30）若松英輔：生きる哲学．文藝春秋、東京、二〇一四．
（31）地域包括ケア研究会報告書（平成二十七年度）地域包括ケアシステム構築に向けた制度及びサービスのあり方に関する研究事業
http://www.murc.jp/sp/1509/houkatsu/houkatsu_01.html（2016.9.12現在）
（32）四條知恵：浦上の原爆の語り．永井隆氏からローマ教皇へ．未来社、東京、二〇一五．
（33）Miyashita M, Sanjo M, Morita T. et al. Good death in Japanese cancer care: A Nationwide Quantitative Study. Ann Oncol 18: 1090-1097, 2007.
（34）真野俊樹：医療危機—高齢社会とイノベーション．中公新書、東京、二〇一七．

著者略歴　有田　健一（ありた　けんいち）

1949年　広島県東広島市安芸津町生まれ
1981年　広島大学大学院医学研究科修了　医学博士
1984年　米国City of Hope国立医学研究所研究員
1990年　広島赤十字・原爆病院呼吸器科部長
2008年　藍綬褒章受章
現　在　総合病院三原赤十字病院呼吸器内科医師，
　　　　安田女子大学招聘教授
　　　　広島原爆援護事業団臨時嘱託医師
学会活動　日本結核病学会・日本呼吸ケアリハビリテーション学会・日本気管支内視鏡学会でそれぞれ功労会員。日本肺癌学会で特別会員。日本内科学会中国地方会評議員　ほか
社会活動　広島労働局石綿関連疾病協議会座長　ほか
著　　書　1．肺機能による評価．内科学（朝倉書店，1987）
2．ろう石肺，酸化鉄肺．産業内科学．循環器系／呼吸器系（医歯薬出版，1988）
3．運動と呼吸機能．新生理科学大系，17　呼吸の生理学（医学書院，2000）
4．出会い織りなす風景．緑地帯　2012　上巻（中国新聞社，2012）
5．気管支拡張症，嚢胞性肺疾患．　内科学書　第８版（中山書店，2013）ほか

私たちの心づもり
－71年目の原子爆弾被爆者の心－

平成30年３月26日　初版第１刷発行
平成30年10月20日　　　第２刷発行

著　者　有田　健一
発行所　株式会社　溪水社
広島市中区小町１－４（〒730-0041）
電話 082-246-7909　FAX 082-246-7876
e-mail: info@keisui.co.jp
URL: www.keisui.co.jp

ISBN978-4-86327-425-9　C1036